KB266378

불멸의 연인

영원히 기억될 예술가의 사랑과 음악

불멸의 연인

Immortal Beloved

박은지 지음

저녁달

그 작품이 만들어지기까지

영원히 기억될
예술가의 사랑과 음악

우리가 잘 알고 있는 클래식 음악에는 '사랑'을 빼고는 이야기할 수 없는 곡들이 있다. 그 작품 속에서 음악은 사랑의 감정을 담아, 우리에게 그 시절의 이야기를 들려주려는 듯하다. 몇백 년이 지나도 그 음악을 마주할 때면 작곡가가 어떠한 마음으로 연인을 생각했는지, 어느 정도의 심정으로 그 시간을 보냈는지가 변함없이 그대로 느껴진다.

그 어떠한 경험도 언어만으로는 다 표현할 수는 없다. 그러한 의미에서 음악이란 한 사람의 인생을 가장 깊고도 내밀하게 표현해내면서 설명 불가능한 감정을 타인에게 전할 수 있는 최적의 도구와도 같아 보인다. 고통의 시간을 작품으로 승화시킨 곡들, 함께했던 추억의 장면을 그림처럼 그려낸 흔적들, 그들만의 에피소드를 소리라는 형태로 무척이나 섬세하고 미묘하게 담아둔 작품들. 그것은 어쩌면 작곡가가 살아낸 시간을 적절한 음악적 표현으로 가감 없이 실어 나르고자 한 노력의 결과였을지도 모른다. 나는 이 책을 통해 독자들에게 이러한 순간들과 연결되어보자고 말하고 싶었다.

『불멸의 연인』에서는 파리에서 활동한 석이 있는 클래식 음악가 가운데 잘 알려진 로맨스의 주인공들을 선정하여 위대한 작품과 관련된 이야기를 써보고자 했다. 이 작곡가들의 사랑이 언제나 한 사람에게만 머물렀던 것은 아니었으므로, 생애 동안 여러 시기에 함께했던 연인 중에서도, 가장 잘 알려져 있고 역사적으로도 의미가 있다고 여겨지는 한 사람과의 관계를 중심으로 책을 구성해보고자 했다. 그중에는 사회적으로 용인되지 못했던 사랑, 이루어진 사랑과 이루어지지 못한 사랑, 혹은 원망으로 끝나버린 사랑도 있었으나 결국 모두 음악과 예술에 깊은 흔적을 남긴 것은 분명하다.

특별히 작곡가를 매료시킨 여성이 어떤 인물이었는지에 대하여 조금 더 자세히 설명해보고자 했다. 이 책에 등장하는 작곡가가 사랑한 연인들은 모두 결코 평범한 여성이 아니었다. 그 여성들이 모두 예술가였다는 공통점은 매우 주목할 만하다. 그들은 작곡가였던 연인이 곡을 남길 당시에 혹은 그 이후에 괄목할 만한 작품들을 써내거나 그려내거나 연기했다. 바로 이 점에서 우리는 이 책에 등장하는 한 시대의 획을 그은 작곡가들의 걸작이 연인과의 예술적 교감 속에서 탄생했음을 확인할 수 있다.

사실 이 책에 등장하는 이야기는 누구나 한 번쯤은 들어보았을 만하다. 이미 잘 알려진 이야기를 다시 불러오는 작업의 의미에 대하여 생각해본다면, 이 책에서는 사랑이 시작되고 유지되던 순간을 더 확대하여 들여다보면서 당시 사건의 주인공들에게는 어떤 마음과 생각들이 있었는지를 조금 더 헤아려보는 데 의미를 둘 수 있을 것이다. 이러한 점을 더욱 부각하기 위해 다양한 자료를 원문 그대로 보여주면서 당시의 상황에 가까워지고자 했다.

책에서는 무엇보다 문헌에 근거한 역사적 사실을 바탕으로 사건을 다루되 독자가 그 시대의 분위기를 잘 느낄 수 있도록 쉽게 이야기를 구성하려 했다. 짧은 이야기에 모든 역사를 다 담을 수는 없었지만 현존하는 그림과 사진, 편지 등의 자료를 활용해 당시의 분위기를 느낄 수 있도록 했다. 이야기의 일부는 이미 다양한 시각으로 조금은 다르게 논의된 전기 작가의 해석을 선택하여 서술된 부분이 있으며, 어느 정도는 작가에 의해 각색되었다는 점을 미리 밝혀둔다.

어쩌면 스쳐 지나갈 가벼운 연애담으로 여겨질 수도 있는 작곡가들의 이야기지만, 음악을 둘러싼 당시의 문화적 배경과 함께 인물들의 심적 변화를 흥미롭게 바라볼 수 있기를 바랐다. 독자들이 이 책을 읽으며 작곡가의 이야기를 음악으로 새롭게 이해하고 느껴볼 수 있다면 그것만으로도 좋겠다.

이들의 사랑이 흐르던 순간이 음악으로 남아 끝내 우리에게 전해졌다. 『불멸의 연인』을 통해 지금까지 알고 들어왔던 클래식 음악들이 또 다른 방식으로 독자들의 마음을 움직일 수 있기를 바란다.

2026년 봄
박은지

Immortal Beloved

차례

1장

환상교향곡
Symphonie Fantastique

루이 엑토르 베를리오즈와 해리엇 스미슨

Louis Hector Berlioz(1803~1869)

Harriet Smithson(1800~1854)

에밀 시뇰, 〈엑토르 베를리오즈〉, 1832.

루이 엑토르 베를리오즈 Louis Hector Berlioz

1803~1869. 베를리오즈는 대담한 관현악법과 극적인 표현으로 음악의 새로운 가능성을 확장한 19세기 프랑스 낭만주의 음악을 대표하는 작곡가다. 특히 사랑과 환상을 주제로 한 교향곡 <환상교향곡>은 표제 음악의 대표적인 작품으로 꼽힌다. 이 밖에도 오페라 <트로이 사람들>과 극적 교향곡 <로미오와 줄리엣> 등을 통해 독창적인 음악 세계를 구축했다.

조지 클린트, 〈미스 도릴롱 역의 해리엇 스미스슨〉,
1822.

해리엇 스미스슨 Harriet Smithson

1800~1854. 해리엇 스미스슨은 아일랜드 출신의 배우로, 19세기 초 셰익스피어 작품을 중심으로 활동하며 명성을 얻었다. 특히 파리에서 공연된 연극 <햄릿>의 오필리아와 <로미오와 줄리엣>의 줄리엣 역할로 큰 호평을 받았다. 스미스슨 특유의 감정 표현이 강한 연기는 당시 파리 관객들에게 깊은 인상을 남겼으며, 셰익스피어 연극을 프랑스에 널리 알리는 데 중요한 역할을 했다.

운명(運命, Destiny)이란 존재하는 것인가. 아니면 인간의 무모한 환상(幻想, Fantasy)일 뿐일까?

어떤 사람을 두고 내 평생의 사랑이라고 말할 수 있는 유일한 길은 그 사람과 끝까지 함께 살아보는 것이다. 따라서 첫눈에 일생의 사랑(畢生之愛, Love for Life)이라고 말하는 것은 아마도 불가능한 일일 것이다.

그러나 우리는 한순간 만나서 평생을 함께할 사랑이라고 여겨지는 순간을 맞이했다는 사람들의 이야기를 그리 어렵지 않게 듣게 된다. 그렇다면 과연 운명은 존재하는 것일까?

적어도 베를리오즈에게 운명은 단순한 환상만은 아니었던 것 같다. 그것은 한순간의 만남으로 시작되어 그의 인생과 음악을 송두리째 바꾸어놓은, 그에게 있어서는 환상보다 더 환상 같은 실재(實在, Reality)였다.

해리엇 스미스슨, 그녀가 지닌 놀라운 재능. 그 극적

인 천재성이 내 마음과 상상력에 미친 영향은, 셰익

스피어가 내게 안겨준 충격에 비견할 만했습니다.[1]

– 베를리오즈, 『회고록』중에서

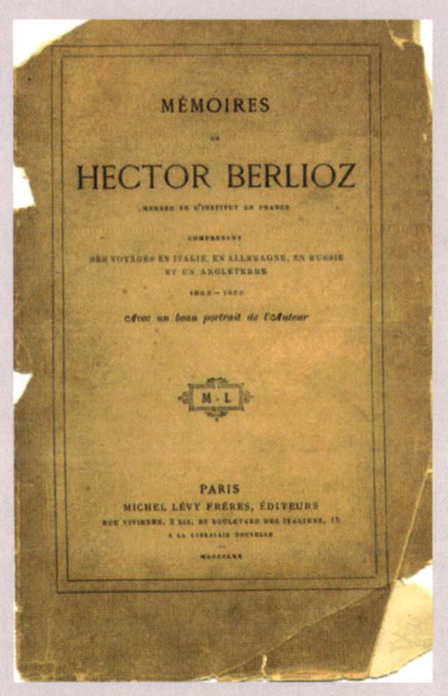

베를리오즈, 『회고록』, 1870.

1827년 가을, 파리의 오데옹 극장에서는 영국 런던의 켐블 극단(Kemble Company)이 셰익스피어의 희곡 『햄릿』을 공연한다는 소식이 퍼지고 있었다.

이 소식은 파리 음악원에서 작곡 공부를 하던 젊은 베를리오즈의 귀에도 들어왔다. 베를리오즈는 의사가 되기를 원했던 아버지에 의해 파리의 의과대학에 입학했지만, 의학보다는 음악과 오페라에 관심이 많아 음악 공부를 하고 있었다. 그는 파리의 오페라 극장과 오페라 코미크 극장에서 공연을 관람한 후, 자신이 걸어야 할 길이 작곡가의 길임을 확신했고, 개인교습으로 실력을 쌓아 스물셋이 되던 1826년에

파리 음악원의 정식 학생이 되었다.[2] 당시 로마 대상[*]에 연달
아 낙방해 낙담하고 있었지만, 평소 동경하던 셰익스피어의
작품이 파리에서 공연된다는 소식을 듣고는 마음이 설레지
않을 수가 없었다.

파리 음악원.

*   Prix de Rome, 프랑스 정부가 1663년부터 1968년까지 프랑스 예술가들이 로마(로마
의 프랑스 아카데미)에서 연구 · 연수를 할 수 있도록 지원했던 장학금(경시) 제도. 로마 대상
은 프랑스 작곡가들의 등용문이라 할 수 있었다. 루이 14세 통치 기간인 1663년에 설립
된 미술 학생을 위한 프랑스 장학금으로 시작하였다. 그 후 1720년에 건축, 1803년에 음
악, 1804년에 조각으로 확대되었다. 음악상은 파리 음악원의 작곡과 학생 중에서 선발되
었다. 대상(Grand Prix) 수상자에게는 5년간 매달 3천 프랑의 상금과 2년 동안 로마의 빌라
메디치에서 보낼 수 있는, 모두가 부러워할 만한 혜택이 주어졌다.

베를리오즈는 음악뿐만 아니라 문학에도 깊이 빠져 있어 소르본 대학교나 콜레주 드 프랑스*에서 열리던 문학·역사·철학의 공개 강의를 듣기도 했다. 그는 비록 영어를 완전히 이해하지는 못했지만, 영국 극단이 직접 올리는 셰익스피어 공연을 볼 이 기회만큼은 절대 놓칠 수 없다고 생각했다. 공연 날을 손꼽아 기다리면서도 그 무대가 자신의 인생을 전혀 예상치 못한 방향으로 이끌어줄 운명적인 무대가 되리라는 사실을 그때는 알지 못했다.

1827년 9월 11일, 오데옹 극장**에는 이미 수많은 관객이 북적이고 있었다. 파리의 문학과 예술계를 대표하는 인물들은 모두 그곳에 참석해 있는 듯했다. 주연은 유명 영국 배우가 맡았고, 오필리아 역은 아일랜드 출신의 해리엇 스미스슨이 연기한다고 소개되었다.

곧 공연이 시작되었고 극의 서막이 올랐다. 베를리오즈는 한껏 기대를 품으며 무대로 시선을 던졌다. 극이 시작되고 얼마 후, 스미스슨이 무대에 등장했다. 그녀는 순결의 상징인 흰색 드레스를 입고 흐트러진 긴 머리를 하고 있었다. 그

---

* Collège de France, 1530년 프랑수아 1세가 창설한 고등연구교육기관이다.
** Odéon-Théâtre de l'Europe, 프랑스의 6대 국립 극장 중 하나로, 이전에는 오데옹 극장으로 불렸다.

　　　　　　　　불멸의 연인

오데옹 극장, 1818.

루이 불랑제·아실 드베리아, 〈햄릿 제4막 제5장: 왕과 왕비 앞의 오필리아〉, 1827.

녀는 아름다운 긴 팔을 우아하게 움직였고, 때론 광기 어린 표정으로 연기했다.

베를리오즈는 그녀의 모습을 보자마자 벼락에 맞은 느낌이었다.[3] 그 순간은 마치 운명이 그에게 오래도록 잊을 수 없는 장면을 준비해놓은 것만 같았다.[4] 물론 그것은 그가 셰익스피어 작품에 심취하여 각별한 애정을 품고 있었기 때문이기도 했겠지만, 그 이유만으로 설명하기엔 부족했다.[5]

베를리오즈는 이러한 순간이 존재한다는 사실에 놀라움을 금치 못했다. 그는 사랑을 잘 알지는 못했지만, 이 감정이 사랑이 아니라고 한다면 도대체 무엇을 사랑이라고 할 수 있는지를 되뇌어보았다. 베를리오즈는 공연 내내 스스로 뛰는 가슴을 도무지 멈출 방법을 찾지 못했다. 스미스슨의 목소리, 눈빛, 작은 몸짓 하나까지 모든 것이 마법처럼 그의 가슴을 꿰뚫고 들어오는 듯했다.

해리엇 스미스슨, 그녀가 지닌 놀라운 재능. 그 극적인 천재성이 내 마음과 상상력에 미친 영향은, 셰익스피어가 내게 안겨준 충격에 비견할 만했습니다.[6]

– 베를리오즈, 『회고록』 중에서

불멸의 연인

공연이 끝나고, 베를리오즈는 서둘러 집으로 향할 수밖에 없었다. 셰익스피어의 작품과 스미스슨의 연기에 빠져들었던 그 순간의 여운을 온전히, 그리고 오래도록 간직하고 싶었기 때문이었다. 그는 누군가와 이야기를 나누게 된다면 이 감정이 없어지게 될 것만 같아 몹시나 두려웠다. 결국 그는 모든 지인을 피해 집으로 빠르게 걸어갔다.

집에 돌아온 베를리오즈는 쉽게 잠을 청할 수도 없었다. 파리 5구 라탱 지구의 하프 거리에 위치한 작은 다락방에 거주하고 있던 그는, 다시 집 밖으로 나와 센강을 밤새도록 걸었다. 몸을 지치게 해서라도 잠을 자고 싶었다. 하지만 모두 헛수고였다. 잠은 오지 않았고, 이후로도 한동안 잠에 들지 못했다.

파리 5구의 하프 거리, 1866.

오귀스트 콜라르, 〈파리의 생 미셸〉, 1859.

다음 날 저녁에는 같은 켐블 극단이 〈로미오와 줄리엣〉을 공연할 예정이라고 했다. 베를리오즈는 뛰는 심장을 부여잡고, 예상치 못한 문제로 공연 관람을 놓치는 일이 없도록 아침 일찍 오데옹 극장으로 향했다. 베를리오즈는 당시 파리 음악원 학생 신분으로 악단석에 자유롭게 드나들 수 있었고, 곧장 매표소로 달려가 좌석표를 구매할 수 있었다. 그는 스미스슨을 다시 보기 전, 희곡의 번역본을 구해 읽기도 하면서 몇 시간 동안 스미스슨의 이미지를 떠올리려 애를 썼다.

루이 불랑제, 〈로미오와 줄리엣 속 줄리엣 역의 해리엇 스미스슨〉, 1827.

　　　　　　　　　　　　　　　　　　　　불멸의 연인

그렇게 베를리오즈는 〈로미오와 줄리엣〉 연극 속 타오르는 열정, 거부할 수 없는 아름다운 사랑, 치열한 복수, 사랑과 죽음의 절망적인 투쟁의 장면을 숨죽여 보았다. 그는 〈햄릿〉과 〈로미오와 줄리엣〉에서의 스미스슨의 연기가, 번역된 글보다 훨씬 더 많은 것을 의미한다고 생각했다.

해리엇 스미스슨

사실 당시 연극을 보고 스미스슨을 주목한 사람은 베를리오즈뿐만이 아니었다. 아름다운 외모와 깊은 감수성을 지닌 스미스슨은 파리에서의 첫 공연 날부터 많은 관객의 시선을 사로잡았다. 그녀는 공연 첫날부터 연일 화제가 되며 사람들의 입에 오르내렸고, 빅토르 위고, 들라크루아, 마르셀 뒤샹, 테오필 고티에, 알렉상드르 뒤마 같은 유명 인사들도 모두 그녀의 연기에 찬사를 보냈다.

스미스슨은 무대 위에서 환상적인 몸짓을 취하면서도 죽어가는 듯한 목소리의 떨림을 섬세히 표현했고, 자연스러움을 잃지 않는 최고의 연기를 펼쳐냈다. 그리고 그녀는 순식간에 파리에서 가장 주목받는 영국 연기자로 급부상했다.[7] 오필리아는 작품 속에서 그다지 큰 비중을 차지하는 역할은 아니었지만, 스미스슨은 온 힘을 다해 연기했고 노래했다.

그들은 그를 수의도 씌우지 않은 채 들것에 실어 갔네.
그리고 그의 무덤 위에는 많은 눈물이 비처럼 쏟아졌네.
그는 다시 돌아오지 않을까? 그는 다시 돌아오지 않을
까? 아니, 아니, 그는 죽었네. 너의 죽음의 자리로 가라.
그는 다시는 돌아오지 않으리.

　　　　　　　　　－〈햄릿〉 제4막 오필리아의 노래 중에서

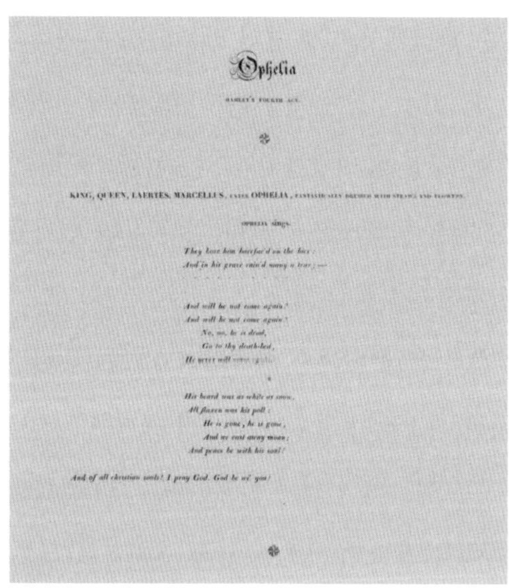

「햄릿」 제4막 오필리아의 노래, 1827.

　　　　　　　　　　　　　　　　　　　　　　　　불멸의 연인

아실 드베리아, 〈오필리아 역의 해리엇 스미스슨〉, 1827~1833.

공연 직후 평론가들은 스미스슨의 연기를 극찬하는 글을
앞다투어 쏟아냈다.

아! 이토록 아름답고 감동적인 오필리아가 또 있을까?
그녀의 눈물은 관객까지 울게 했다. 목소리의 울림, 몸
짓, 표정까지 모든 것이 완벽히 조화를 이루고 있었다.[8]

– 「주르날 데 데바」

당시 스미스슨에 대한 평론이 실린 프랑스 신문
「주르날 데 데바」, 1827.

불멸의 연인

본래 스미스슨이 맡은 오필리아 역은 영국에서 다른 배우가 연기했었다. 그 배우가 공연을 할 수 없게 되자 갑작스럽게 스미스슨이 오필리아 역을 맡게 된 것이었는데, 그녀는 영국에서도 단 한 번도 이 역할을 연기한 적이 없었다.

사실 영국에서는 스미스슨의 연기에 대한 평가가 늘 엇갈렸다. 그녀는 외모는 아름다웠지만 런던 관객에게 큰 인상을 남기거나 최정상의 배우로 자리매김할 가능성은 크지 않을 것이라는 부정적인 평을 받고 있었다. 이전 공연에서는 아일랜드 억양 때문에도 부정적인 평가를 받고 있었다.

파리에서는 스미스슨의 억양이 걸림돌이 되지 않으리라 판단한 켐블 극단이 그녀에게 오필리아 역을 맡겼고, 결과는 대성공이었다. 당시 파리 관객 대부분이 영어를 이해하지 못해서였는지는 몰라도, 그들은 스미스슨의 연기와 무대에 열광했다. 또한 파리의 관객들은 다른 어떤 영국 배우가 아무리 뛰어난 연기를 보여준다고 하더라도 스미스슨이 준 감동을 지워낼 수는 없을 것이라 말했다.

스미스슨 양은 모든 프랑스인의 마음을 사로잡았습니다. 그녀는 아름다운 눈과 풍부한 표정을 지닌 미모의

여인으로, 그녀가 구사하는 영어는 마치 베네치아 여성
이 입에 담은 토스카나어처럼 부드럽고 매혹적입니다.[9]

-「르 피가로」

샤이유 포트렐, 〈오필리아 역의 해리엇 스미스슨〉,
1827.

파리 관객들에게 스미스슨의 연기는 세익스피어의 문구
자체보다, 그녀가 표현한 광기와 절망, 비탄, 억눌린 감정,
그리고 무엇보다 제스처와 표정으로 기억되었다. 스미스슨
의 광기 어린 연기는 무척이나 자연스러워서 곧 경련을 일으
킬 것 같은 사람처럼 보이기도 했다.[10] 베를리오즈가 본 그녀

불멸의 연인

의 존재와 연기에 대한 뜨거운 감정은 모든 공연이 끝난 후에도 걷잡을 수 없이 불타올랐다. 이후로도 그 열정은 쉽게 식지 않았고, 이내 혼자만의 사랑의 열병이 시작되었다.

평소에도 베를리오즈는 감정이 극단에 치우치는 경향이 있었다. 그는 좋아하는 일이라면 온 힘을 다하는 열정가였으며 몽상가였다. 자신에게 내제된 감정의 힘이 곧 자신을 죽이는 고통의 능력이라고 말하기도 했으며, 늘 주체할 수 없는 감정에 힘들어하곤 했다. 그러한 감정은 공연 이후 오롯이 스미스슨에 대한 강렬한 열정으로 옮겨간 듯했다. 그는 어떻게든 자신의 마음을 그녀에게 표현하고 싶었지만 다가갈 길이 없었다. 당시 스미스슨은 떠오르는 스타였고, 그가 누구인지조차 모르고 있었다. 아직 그녀가 자신의 존재조차 제대로 알지 못하는 상황에 베를리오즈는 조급함을 느꼈다.

> 여전히 거의 알려지지 않은 존재, 마치 누가 알아주지도 않는 별처럼 나는 내 태양을 중심으로 돌고 있었습니다…. 찬란한 태양… 그러나, 아! 슬프게도 너무나 비참하게 꺼져버릴 태양이었습니다.[11]
>
> — 베를리오즈, 『회고록』 중에서

베를리오즈는 스미스슨을 잊으려고 해보았다. 영국 극장 앞을 일부러 피해 지나가보기도 했고, 서점마다 걸려 있는 스미스슨의 초상화를 보지 않으려 애써 눈을 돌려보기도 했다. 그러나 모두 소용이 없었다. 그녀는 베를리오즈의 마음 속에서 사라지지 않았다.

시간이 조금 지나 베를리오즈는 용기를 내어 스미스슨에게 편지를 전하기로 다짐하고 몇 통의 편지를 보냈지만 스미스슨은 단 한 통의 답장도 하지 않았다. 스미스슨에게 그의 편지는 감동보다는 오히려 두려움을 주었고, 결국 그녀는 하녀에게 편지를 더 이상 받지 말라고 부탁했다.

베를리오즈는 스미스슨의 마음을 얻기 위해 자신의 서곡을 〈로미오와 줄리엣〉과 관련된 자선공연 프로그램에 의도적으로 끼워 넣어 연주해보기도 했지만, 그녀는 그 곡이 공연된 사실조차 알지 못했다. 당시 최고의 인기를 누리던 배우에게 세 살이나 어린 무명 작곡가의 관심은 아무런 의미가 없는 듯했다.

이러한 스미스슨의 무관심에도 불구하고 베를리오즈는 편지 보내는 일을 멈추지 않았다. 사실 그는 이미 그녀에 대한 환상과 집착에 사로잡혀 자신조차도 쉽게 빠져나올 수가

없는 상태였다. 심지어 베를리오즈는 스미스슨의 일상을 관
찰하려 들었다. 그의 행동은 주변 친구들이 걱정할 정도로
점차 스토킹과도 비슷한 모습으로 변해갔다.

우연인지 의도한 것인지는 확실히 밝혀진 바가 없지만 베
를리오즈는 곧 스미스슨 집의 맞은편으로 거처를 옮겼다. 그
는 파리 2구에 있는 리슐리외 거리 96번지로 이사했는데, 그
곳은 뇌브생마르크 거리 모퉁이에 있는 스미스슨의 아파트
를 마주 보고 있었다. 거리 끝자락에는 르 카르디날 카페가
있었고, 오페라 코미크의 본거지인 살 파바르 극장도 가까운
곳에 있었다.

파리 2구의 리슐리외 거리.

베를리오즈의 아파트는 4층이었고, 창문으로는 스미스슨이 오가며 생활하는 모습을 날마다 목격할 수 있었다. 그렇게 그는 1827년 가을 스미스슨을 처음 본 이후로 1829년 그녀가 파리를 떠나기 전까지, 약 1년 반 동안 감정의 격동기를 보냈다. 둘은 직접 만나거나 교류하는 사이가 아니었음에도 베를리오즈의 감정은 계속 커져만 갔다.

시간이 지나 켐블 극단이 네덜란드로 순회공연을 가게 된다는 소식을 들었을 때는 엄청난 절망에 빠질 수밖에 없었다. 파리에서의 마지막 공연 일정이 발표되었지만 베를리오즈는 그 공연장에 갈 엄두를 내지 못했다. 무대 위에서 오필리아나 줄리엣을 연기하는 스미스슨을 다시 보는 것이 감당할 수 없이 고통스러우리라 생각했다. 마침내 1829년 3월 3일, 그녀가 암스테르담으로 떠날 때에도 베를리오즈는 그 모습을 멀리서 지켜볼 수밖에 없었다.

그녀가 방의 불을 막 껐고, 곧 잠이 들 것입니다. 그녀의 어머니는 여전히 아파트 안에서 분주해 보입니다. 내 창문 아래로는 가면무도회 소리가 들리고, 마차의 움직임이 내 창과 그녀의 창을 동시에 흔들고 있습니다. 내일

이면 그 창은 더 이상 그녀의 것이 아니겠지요. 나는 아침 일찍 나설 것입니다. 그녀는 정오에 떠납니다.[12]

- 베를리오즈, 『회고록』 중에서

스미스슨이 파리를 떠나던 날, 베를리오즈는 전날부터 오후 3시까지 침대에 누워 거의 죽은 듯이 잠자코 있었다. 그녀가 집 앞 마차에 올라 암스테르담으로 떠나는 모습을 보는 일은 너무나 고통스러웠다.

그때 느낀 고통을 묘사하는 일은 거의 불가능합니다. 나는 심장이 찢어지는 듯한 고통, 완전한 고립감, 텅 빈 세상, 얼음처럼 차가운 피와 함께 온몸을 도는 1,000가지 고문, 삶에 대한 혐오와 죽을 수도 없는 절망을 느꼈습니다. 셰익스피어조차 그런 고통을 묘사하려 한 적이 없었습니다. 그는 『햄릿』에서 그저 그런 고통을 두고는 '삶의 가장 잔혹한 고통 중 하나'로 짐작했을 뿐이지요.[13]

- 베를리오즈, 『회고록』 중에서

스미스슨이 떠난 후, 베를리오즈는 한동안 작곡도 하지

않았다. 그의 지성은 점점 흐려졌고, 감정은 극도로 예민해졌다. 그는 마치 그녀 없이는 단 하루도 살 수 없는 듯한 사람처럼 괴로움과 고통 속에 잠겨 있었다. 스미스슨이 떠난 뒤에도 베를리오즈의 머릿속은 그녀의 생각으로 가득 차 있다. 그러던 어느 날 갑자기 그는 이 감정을 음악으로 표현해야겠다는 생각이 들었다.

베를리오즈는 파리 전체가 열광했던 그 요정 같은 오필리아를 생각하면서, 자신도 그녀에게까지 이름을 떨치리라 결심했다. 가장 먼저 그는 음악원에서 자신의 작품만으로 구성된 큰 연주회를 열어보기로 했다.

나는 그녀에게 보여주겠습니다, 나 또한 화가임을!
- 베를리오즈, 『회고록』 중에서

곧이어 베를리오즈는 스미스슨을 향한 마음을 〈환상교향곡(Symphonie Fantastique)〉으로 그려내기 시작했다. 그는 형식을 깨는 베토벤의 교향곡을 계승하면서, 괴테의 『파우스트』에서 받은 자극을 음악으로 풀어내기 시작했다. 열정적인 사랑에 힘입은 강렬한 영감 덕분이었을까? 베를리오즈가 이

곡을 실제로 작곡하는 데에는 단 두 달밖에 걸리지 않았다. 그리하여 1830년 2월에 시작된 작곡 작업은 4월에 마감될 수 있었다.[14]

나는 내 인생에서 특별히 주목할 만한 사건으로, 제라르 드 네르발이 프랑스어로 번역한 괴테의 『파우스트』를 처음 읽었을 때 받은 이상하고도 깊은 인상을 언급하지 않을 수 없습니다. 그 놀라운 책은 처음부터 나를 매혹했고, 나는 그것을 손에서 놓을 수 없었지요. 식사 중에도, 극장에서조차도, 거리에서도, 나는 어디서나 그것을 읽었습니다. 그 번역에는 몇몇 운문과 찬가가 포함되어 있었습니다. 나는 그것들을 음악으로 옮기고 싶은 충동을 억제하지 못했습니다. 그 어려운 작업을 끝내자마자 나는 그 곡을 들어보지도 않고 어리석게도 그것을 제 돈으로 판각하여 출판했습니다. 그 작품은 〈파우스트의 여덟 장면(Huit Scènes de Faust)〉이라는 제목으로 파리에서 출판되었고, 그중 몇 부가 세상에 퍼져나갔습니다.

〈파우스트의 여덟 장면〉 작곡 직후, 여전히 괴테의 시에 영향을 받은 상태에서 나는 〈환상교향곡〉을 작곡했습니다. 어떤 부분은 매우 힘들게 썼지만, 다른 어떤 부분은 놀라울 정도로 쉽게 쓸 수 있었습니다. 예를 들어 3악장 〈전원 풍경〉은 청중에게나 나 자신에게나 늘 깊은 인상을 주는데, 그 부분을 완성하는 데는 3주 넘게 애를 먹었습니다. 두세 번 포기했다가 다시 손을 대기도 했지요. 반대로 4악장 〈단두대로의 행진〉은 하룻밤 만에 썼습니다. 그러나 나는 이 두 악장과 그 밖의 모든 악장을 여러 해 동안, 여러 차례 고쳐 사용했습니다.[15]

– 베를리오즈, 『회고록』 중에서

〈환상교향곡〉 악보 표지.

〈환상교향곡〉 연주 영상.

불멸의 연인

그렇게 완성된 베를리오즈의 〈환상교향곡〉은 '어느 예술가의 생애(Episode in the Life of an Artist)'라는 부제가 붙어 1830년 12월 5일, 파리 음악원에서 초연되었다.

〈환상교향곡〉은 신경질적인 기질을 가진 젊은 예술가가 실연의 고통에서 벗어나기 위해 다량의 아편을 복용한다는 이야기를 담고 있다. 약물은 그를 죽이는 대신 괴상하고 섬뜩하며 기괴하고 음산한 환상들을 연속적으로 겪게 만드는데, 이 모든 환상 속에는 '사랑하는 여인의 이미지'가 나타나며, 특정한 악상인 대표 주제인 '고정 악상(Idee Fixe)'이라는 형태가 반복해서 음악적으로 표현되었다. 이 고정 악상은 바로 베를리오즈가 그토록 열렬히 사랑했던 스미스슨을 가리키는 것이었다. 그는 〈환상교향곡〉의 서두 곡을 설명하는 문구를 넣었고, 각 악장마다 주석을 길게 달아놓았다. 이러한 프로그램(Programme)은 작품이 완성되기 1년 전인 1829년 5월에 발표되어 대중의 반향을 일으켰다.

한 젊은 음악가가 병적으로 예민한 감수성과 불타는 상상력을 지니고 있었습니다. 그는 사랑의 절망 속에서 아편으로 스스로를 중독시킵니다. 죽을 만큼 충분하지는 않은 약물의 양은 그를 깊은 잠에 빠뜨리는데, 그 잠은 기이한 환영들로 가득 차 있습니다. 그동안 그의 감각, 감정, 기억은 병든 뇌 속에서 생각과 음악적 이미지로 변모합니다. 사랑했던 여인은 이제 그에게 하나의 선율이자 그가 어디서나 되찾고 들을 수 있는 '고정 악상'이 됩니다.[16]

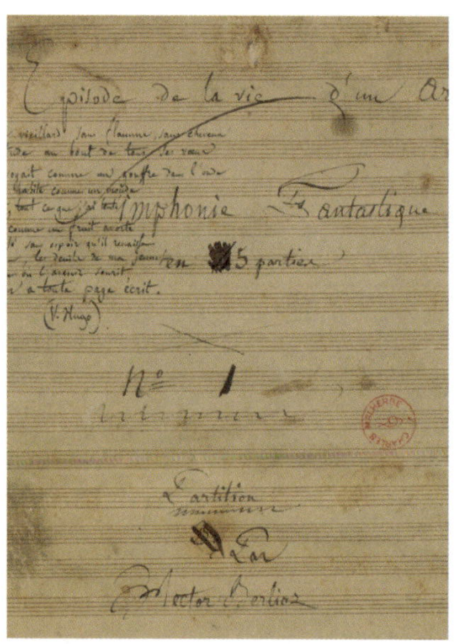

〈환상교향곡〉 악보.

 불멸의 연인

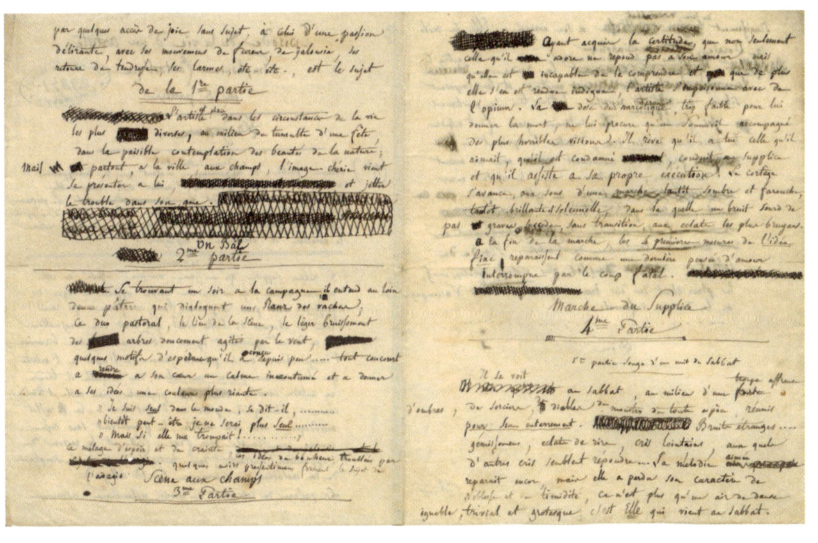

<환상교향곡>의 자필 프로그램.

작품은 총 5악장으로 구성되어 있었다. 베를리오즈는 악장마다 제목을 붙였다. 1악장은 〈꿈과 정열(Rêveries, Passions)〉, 2악장은 〈무도회(Un Bal)〉, 3악장은 〈전원 풍경(Scène aux Champs)〉, 4악장은 〈단두대로의 행진(Marche au Supplice)〉, 마지막 5악장은 〈마녀의 밤 축제의 꿈(Songe d'une Nuit du Sabbat)〉으로 전개되었다. 1악장부터 3악장까지는 베를리오즈의 연민의 감정을 담았고, 4악장과 5악장에서는 이루어지지 못한 사랑을 악마적 환상으로 복수를 하는 장면을 담았다.

〈환상교향곡〉이 완성된 후, 베를리오즈는 스미스슨이 다시 파리로 돌아온 것을 기념하며 공연 날짜를 잡기도 했다. 그렇지만 그녀는 그때에도 그의 앞에 모습을 드러내지 않았다. 그 이후로도 베를리오즈의 마음은 변함없이 그녀를 향해 있었지만 한동안 그녀를 볼 기회는 없었다. 베를리오즈는 스미스슨을 사랑하지만 그 무엇도 할 수 없는 답답한 심정을 평생의 절친이자 시인인 움베르 페랑에게 쓴 편지에 털어놓기도 했다.

오, 불행한 여인이여! 만약 그녀가 이 사랑에 담긴 모든 시와 무한함을 단 한 순간이라도 느낄 수만 있다면, 그녀는 나의

품에 안기기 위해 날아올 텐데요. 비록 그 품에 안긴 채 죽게

되더라도 기꺼이 그렇게 했을 것이오.[17]

-베를리오즈가 페랑에게, 1830년 5월 13일

사실 환상교향곡이 완성될 무렵 스미스슨을 향한 마음을 간신히 추스른 베를리오즈는 열아홉 살의 재능 있는 피아니스트, 마리 펠리시테 드니즈 모크를 만나면서 잠시 다른 사랑을 꿈꾸기도 했다. 마침 그 당시는 베를리오즈가 그토록 열망하던 로마 대상을 수상한 시기였다. 모크와 그녀의 어머니는 두 사람의 관계를 적극적으로 지지했고, 베를리오즈가 2년간의 유학을 마치고 돌아오는 대로 바로 결혼식을 올릴 계획이었다.

베를리오즈가 페랑에게 보낸 편지.

그러나 운명은 다시 한번 그를 비웃기라도 하듯 가혹한 장난을 준비하고 있었다. 베를리오즈가 로마에 머무는 동안 모크가 갑작스레 마음을 바꾸어 약혼을 깨버렸고, 피아노 제조업자로 유명한 플레옐 가문의 아들인 카미유 플레옐과 결혼해버린 것이다.

베를리오즈는 모크와의 관계 때문에 이탈리아에서 공부할 기회마저 포기할지 고민하다가 그녀와 약혼한 상태로 로마로 떠난 것이었는데, 그를 기다리고 있던 것은 차가운 배신이었다. 모크의 배신 소식을 접한 베를리오즈는 감정을 제어하지 못하고 자살을 기도하기도 했다. 심지어는 극도로 분노하여 모크와 플레옐을 살해할 계획을 세웠다. 실제로 그는 독약과 권총을 구입했고, 변장을 위한 도구들까지 치밀하게 준비했다. 그러나 파리로 가는 여정 중 니스에 도착했을 무렵, 다행스럽게도 그는 마음을 돌려 다시 로마로 돌아갔다. 시간이 흐른 뒤 로마로 돌아온 베를리오즈는 마음을 다잡고 다시금 음악으로 자신의 내면을 치유했다.

한편, 이렇게 완성된 〈환상교향곡〉은 베를리오즈에게 이제껏 경험할 수 없었던 커다란 성공을 가져다주었다. 작품은 곧 혁명이라 할 만큼 대담한 혁신성, 규모, 상상력, 표현의 힘과 다양성, 뛰어난 관현악의 숙련도를 지닌 작품으로 평가받았다. 비록 초연은 완벽하진 않았지만 객석의 반응은 그어느 때보다도 뜨거웠다. '피아노의 왕'이라 불렸던 프란츠 리스트도 연주회에 참석하여 열렬한 박수와 환호를 보냈다.

연주는 물론 흠잡을 데 없는 수준은 아니었습니다. 그렇게 복잡한 작품을 단 두 번의 리허설만으로 완벽하게 연주하기는 불가능했기 때문입니다. 그럼에도 전체적인 앙상블은 작품의 주요한 특징들을 드러내기에 충분했습니다. 교향곡의 세 악장, 즉 〈무도회〉, 〈단두대로의 행진〉, 그리고 〈마녀의 밤 축제의 꿈〉이 큰 반향을 일으켰습니다. 특히 〈단두대로의 행진〉은 객석을 뒤흔들었습니다. 반면 〈전원 풍경〉은 아무런 효과를 내지 못했지요.[18]

- 베를리오즈, 『회고록』 중에서

그렇게 〈환상교향곡〉은 베를리오즈의 일생에 걸쳐 가장 많이 연주한 대표작이 되었다. 처음부터 베를리오즈는 이 작품의 독창성과 중요성을 명확히 인식하고 있었다. 그는 다른 작품에서는 스스로 만족하지 못하는 경향이 있었으나, 예외적으로 이 작품에서는 작곡의 시작부터 만족하고 있었다. 스미스슨을 향한 뜨거운 마음을 담은 작품은 성공적이었지만, 그때까지 그녀를 만나지 못했고, 그의 사랑은 끝내 닿지 못한 한 예술가의 슬픈 자전적 이야기로 남는 듯했다.

다음 해, 1831년 베를리오즈는 〈환상교향곡〉의 속편 격인 〈렐리오, 삶으로의 귀환(Lélio ou Le Retour à la Vie)〉을 작곡하게 되었다. 이 작품에서도 사랑하는 이를 상징하는 반복적 음악 주제인 고정 악상은 다시 등장했다. 작품은 절망을 극복하고 예술을 통해 다시 삶으로 되돌아오는 자신의 이야기를 담고 있었다.[*]

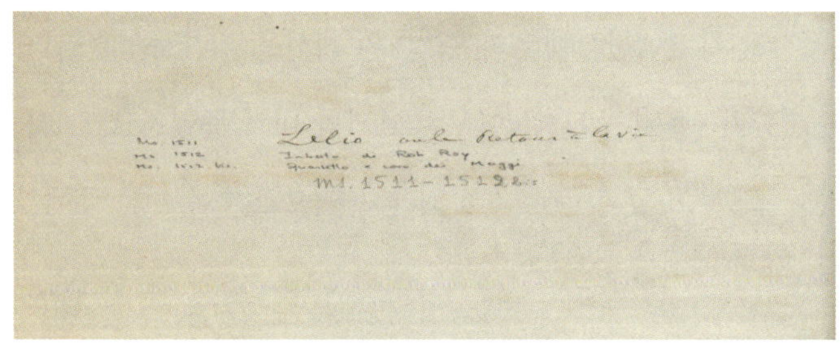

〈렐리오, 삶으로의 귀환〉 악보 표지, 1831.

〈렐리오, 삶으로의 귀환〉 연주 영상.

---

[*] 추후에 베를리오즈는 〈환상교향곡〉과 〈렐리오, 삶으로의 귀환〉 모두 해리엇 스미스슨에 관한 이야기라고 밝혔다.

   불멸의 연인

<렐리오, 삶으로의 귀환>은 배우가 말하는 부분이 많은 모노드라마였다. 작품은 꿈에서 깨어난 예술가가 셰익스피어와 자신의 슬픈 처지, 그리고 곁에 아내가 없는 현실을 묵상하는 것으로 시작되었다. 노래하는 발라드가 포함된 여섯 곡의 음악으로 구성되어 있었고, 각 부분이 시작되기 전에는 무대 앞에 서 있는 배우가 막 뒤의 오케스트라를 가리키며 내용을 소개하고, 독백을 통해 음악이 예술가의 삶에서 어떤 의미를 지니는지 관객에게 전달하는 방식으로 전개되었다.

베를리오즈와 스미스슨의 만남

시간이 지나 이듬해 파리로 돌아온 베를리오즈는 마침내 운명의 밤을 맞이하게 된다. 1832년 12월 9일, 파리 음악원에서 그의 <환상교향곡>이 다시 무대에 오르는 날이었다. 그리고 그날 그곳에 베를리오즈가 오랫동안 마음속에서만 그리워했던 인물, 바로 스미스슨이 처음으로 그의 음악을 직접 들으러 왔다. 베를리오즈는 그녀에 대한 열정을 숨기지 않았고, 객석의 많은 사람들은 이미 이 둘의 관계와 교향곡이 만들어진 이유를 알고 있었다.

무대 바로 앞, 스미스슨이 모습을 드러내자 객석은 술렁

거렸다. 이제 스미스슨은 더 이상 은유 속 인물이 아니라 지휘자의 발치 아래에 실제로 존재하고 있었다. 교향곡의 고정악상의 살아 있는 원형이자 이 작품을 탄생시킨 예술적 영감의 실제 모델이 작곡가의 음악을 들으러 온 중요한 순간이었다. 공연장의 모든 사람이 그녀를 주목하고 있었다.[*]

공연에서는 〈렐리오, 삶으로의 귀환〉도 함께 연주되었다. 베를리오즈는 렐리오를 자신을 대변하는 인물로 등장시켜 "내 가슴이 절규하며 부르짖는 줄리엣, 오필리아."라는 대사를 통해, 스미스슨이 바로 그의 작품 속 주인공이었음을 드러냈다. 이 공연을 본 독일의 시인, 하인리히 하이네는 "머리카락을 헝클어뜨린 베를리오즈는 팀파니를 연주하며 여배우를 집요한 눈빛으로 바라보았고, 그들의 눈길이 마주칠 때마다 더욱 힘차게 악기를 두드렸다."라고 묘사하기도 했다.[19]

공연에 참석한 스미스슨은 마침내 두 작품 모두 자신을 향한 베를리오즈의 사랑 이야기였음을 확인했디. 얼마 지나지 않아 그녀는 자신이 이 음악의 영감이었음에 깊은 인상을 받았고, 베를리오즈에게 직접 성공을 축하하는 편지를 보냈

---

[*] 사실 파리 관객들은 더 이상 스미스슨에게 그런 종류의 관심을 보이지 않은 지 오래였다. 1827~1828년의 전성기 이후로 그렇게 뜨거운 주목의 대상이 된 적이 없었기에 그녀는 가슴이 두근거렸다.

   불멸의 연인

다. 그리고 다음 날 베를리오즈는 스미스슨을 정식으로 만날 수 있었다. 1832년 12월 14일, 드디어 두 사람은 만나게 되었다. 이 만남은 베를리오즈의 사랑이 시작된 지 5년 만의 일이었다.[**]

이후로 베를리오즈는 매일 저녁 스미스슨에게 연락했고, 그녀를 볼 수 없을 때면 프랑스어로 편지를 썼다. 그녀는 영어로 답장을 보냈다. 처음에 베를리오즈는 영어를 거의 못했고 스미스슨은 프랑스어를 못했으니, 두 사람의 대화가 다소 어색했던 것은 당연했다. 그러나 베를리오즈에게 언어의 장벽은 전혀 문제가 되지 않았다. 곧 그는 스미스슨에게 순식간에 강박적일 정도의 집착을 보였고, 일주일도 채 지나지 않아 그녀에게 편지를 써 보냈다.

당신이 저의 죽음을 원하지 않으신다면, 사랑의 이름으로는 감히 말씀드리지 못하겠고 그저 자비의 이름으로라도 언제 당신을 뵐 수 있을지 알려주십시오. 저는 흐느끼며 무릎을 꿇고 당신의 자비와 용서를 간청합니다! 오, 가련하게 저를 보소서! 제가 이토록 고통스러운 벌을 받을 만큼 잘못했다고

[**] 이 시기는 스미스슨이 화려했던 전성기를 지나 공연의 잇따른 흥행 실패로 어려워하던 시기였다. 그런 상황이 아니었다면 베를리오즈의 초청에 응하지 않았을 수도 있다.

생각하진 않았지만, 저는 당신의 손에서 오는 매질마저 축복
합니다. 당신의 답장을 마치 재판관의 선고를 기다리듯 간절
히 기다리고 있겠습니다.[20]

스미스슨을 향한 베를리오즈의 집착은 곧 결혼에 대한 강
렬한 열망으로 이어졌다. 베를리오즈는 1832년 12월 18일,
두 사람이 만난 지 채 2주도 되지 않은 시점에서 프란츠 리
스트에게 편지를 보내, 자신과 스미스슨이 운명적으로 맺어
진 사이임을 확신하는 편지를 쓰기도 했다.

지금 당장, 결혼을 할 수 있는 상황은 아닙니다. 그러나 나는
결코 그녀를 떠나지 않을 것입니다. 그것이 바로 나의 운명
이기 때문입니다. 그녀는 나를 이해합니다. 설령 이것이 실
수라고 해도, 나에게는 그 실수를 저지를 권리기 필요합니
다. 그녀는 내 생애 마지막 순간들을 환하게 비춰줄 것이며,
나는 그 순간이 그리 길지 않기를 바랄 뿐입니다.[21]

베를리오즈는 편지에서 스미스슨 또한 자신을 사랑한다
고 주장했다. 그녀의 사랑이 자신만큼 강렬하지 않아도 상관
없었다. 또한 자신이 느끼는 것이 우정과 감사, 그리고 고귀
한 사랑이라며 오랫동안 그를 괴롭히던 절망이 지나갔다고
생각하며 안도했다.

베를리오즈는 스미스슨을 직접 만난 이후에도 그녀에게
미친 듯이 빠져 있었고, 비장했고, 순진하고, 격렬하고, 광적
이었다. 그리고 무엇보다 진실했다. 한편, 3월 1일 사고로 스
미스슨은 심하게 다쳐 몇 달 동안 거의 움직이지 못하게 된
사건이 있었다. 그사이 베를리오즈가 자선 공연을 전담해 그
녀의 빚과 치료비를 갚으려 하며 곁을 지켰고 그 이후, 두 사
람은 여러 차례 헤어졌다가 다시 만나는 불안정한 관계를 반
복하게 되었다.

1833년 8월이 되어서도 스미스슨은 여전히 베를리오즈와
의 결혼이 자신에게 최고의 선택인지는 확신하지 못하고 있
었다. 베를리오즈는 희망에 도취하였다가 두려운 불안에 휩
싸이기를 반복했다. 결국 베를리오즈는 결혼을 강요하기 위
해 스미스슨이 보는 앞에서 치사량의 아편을 삼키는 극단적
인 행동까지 벌였다. 과거 의학을 공부한 경험이 있었고, 이

미 아편 중독 상태였던 베를리오즈는 어느 정도의 양이 자신을 죽음에 이르게 할지 정확히 알고 있었고, 그녀가 결혼을 약속하지 않으면 구토제를 복용하지 않겠다고 위협했던 것이다. 사랑과 죽음의 문제는 그에게 실제 삶의 문제였고, 그것을 위해 모든 것을 내던질 수 있었다.

그 와중에 양가 모두 둘의 결혼을 강하게 반대하고 있었다. 베를리오즈의 아버지는 스미스슨과의 결혼은 불행을 가져올 것이며 베를리오즈가 그녀를 버리고 다른 여자를 택할 것이라고 했다. 스미스슨의 가정에서는 장래가 불확실하고 기질도 고르지 못한 프랑스 남자와의 결혼은 대재앙이라는 이유로 결혼을 극구 말렸다.[22] 그럼에도 결국 베를리오즈는 스미스슨으로부터 결혼을 약속받았고, 두 사람은 1833년 10월 3일 영국 대사관이 있던 파리의 샤로스트 호텔에서 결혼식을 올렸다. 결혼식에는 리스트가 증인으로 참석했고, 힐러와 하이네도 참서했다. 신혼여행은 파리 근교의 뱅센으로 떠났다. 베를리오즈는 훗날 그가 오랫동안 갈망하고 싸워온 순간의 상황을 다음과 같이 기록했다.

결혼식 날 그녀는 빚 말고는 아무것도 가지고 있지 않았

습니다. 사고 때문에 무대 복귀가 어려울 것이라는 두려
움도 있었습니다. 내 마음은 세 친구가 빌려준 300프랑
과 가족과의 다툼으로 가득했지요. 그러나 그녀는 내 것
이었고, 나는 세상의 뜻을 거슬렀습니다.[23]

– 베를리오즈, 『회고록』 중에서

그러나 힐러는 베를리오즈의 결혼을 "그의 생애에서 가장
고귀하면서 동시에 가장 재앙적인 선택"이라고 표현했다.
사실 베를리오즈는 결혼 시점에서 스미스슨의 많은 빚을 떠
맡았고, 그것은 거의 무모한 행동이라 할 만했다.

그럼에도 베를리오즈는 행복한 마음으로 결혼 생활을 시
작했다. 며칠 후 그는 가족 중 유일하게 그의 결혼을 지지했
던 여동생 아델에게 다음과 같은 편지를 보냈다.

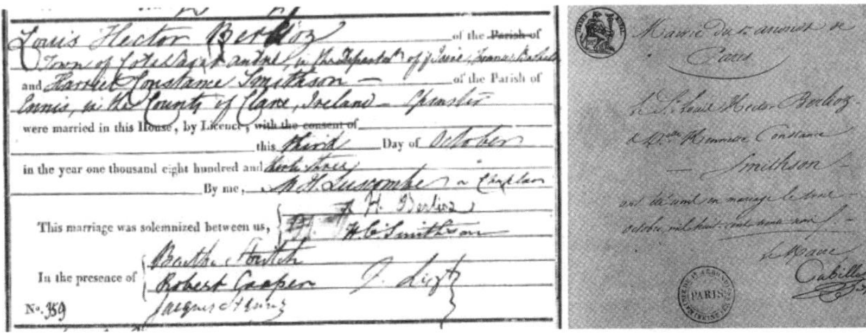

영국 대사관의 결혼 증명서와 프랑스의 기록, 1833.

그래, 사랑하는 아델, 이제 모든 게 끝났어. 결혼식은 지난 목요일, 프랑스식과 영국식 절차를 모두 따랐단다. 스미스슨은 내가 너무 감정적으로 될까 봐 많은 사람들 앞에서는 반드시 침착해야 한다고 했어. 그래서 나는 그녀의 말을 그대로 따랐지. 그 결과 나는 아주 침착하게 잘 해냈는데, 결국 울어버린 쪽은 그녀였어. 지금 우리는 뱅센의 조용한 시골 오두막에 함께 머물고 있어. 남들의 시선에서 멀리 떨어진, 아주 예쁜 곳이야. 결혼식 날 그녀의 여동생은 우리를 단둘이 남겨두었고, 우리는 정말 웃길 정도로 소박한 결혼 만찬을 즐겼어. 하인이 없어 식사는 뱅센의 식당에서 주문했고, 디저트는 정원에서 직접 땄단다. 날씨도 정말 완벽했어. 햇살은 따뜻하고, 공기는 부드럽고, 모든 게 너무나 아름다웠어. 요컨대, 완전한 행복이었단다.[24]

– 베를리오즈가 아델에게, 1833년 10월 6일

곧 두 사람은 곧 몽마르트르에 신혼집을 마련했다. 당시 파리의 몽마르트르는 파리의 일부가 아닌 별도의 마을이라 할 수 있었고, 몽마르트르에 간다는 것은 곧 파리를 떠나 조용한 시골로 나간다는 의미였다. 둘은 1834년부터 1836년까

불멸의 연인

Maison d'HECTOR BERLIOZ, à Montmartre. Etat en 1919, au cinquantenaire de sa mort

몽마르트르의 신혼집.

지 몽마르트르에 살았다. 집은 언덕 북쪽 비탈, 생드니 거리
와 생뱅상 거리의 교차점에 있었다.

결혼 초기 몇 년간 두 사람은 몽마르트르에서 무척 행복
한 나날을 보냈다. 1834년 봄과 초여름, 맑고 따뜻한 날씨가
이어졌고, 같은 해 8월 14일에는 외아들 루이 클레망 토마가
태어나 두 사람 모두에게 큰 기쁨을 주었다. 베를리오즈에게
몽마르트르 시기는 매우 활발한 창작의 시기였기도 했다. 그
는 이곳에서 교향곡 〈이탈리아의 해럴드(Harold in Italy)〉를 완
성했고, 오페라 〈베네벤토 첼리니(Benvenuto Cellini)〉를 구상했
으며, 프랑스의 위대한 인물들을 기리는 대작을 작곡하기 시
작했다. 베를리오즈의 초기 작품에서 드러나는 넘치는 색채
나 생동감 넘치는 느낌은 결코 우연이 아니었다. 그것은 행
복한 사람만이 만들어내는 소리였다.

몽마르트르는 여러 장점이 있었다. 우선 대형 정원과 생
드니 평야를 내려다보는 아름다운 경관이 있었고, 생활비도
파리보다 훨씬 저렴했다. 또 원치 않는 손님이나 방해에서
벗어날 수 있었고 소규모 살롱을 열기에도 충분했다. 그러나
단점도 있었다. 베를리오즈는 정기적으로 파리에 나가야 했
고, 그 여정은 힘들고 비용이 많이 들었다. 겨울의 몽마르트

르는 고립되었고, 집에는 제대로 된 난방 시설이 없었다. 게다가 하인 문제도 끊이지 않았다.

이 시기는 부부가 현실적인 문제들과 마주하게 된 시기이기도 했다. 베를리오즈는 경제적 어려움 때문에 음악을 작곡하기보다는 평론을 써야만 했다. 가장 큰 문제는 베를리오즈의 명성이 점점 높아지는 동안, 스미스슨의 배우 경력은 내리막길을 걷고 있었다는 것이었다. 1836년 무렵 그녀는 무대를 완전히 떠났고, 점점 높아져만 가는 베를리오즈의 인기와 자신이 잊혀가는 상황을 참을 수 없어했다. 결국 두 사람은 파리로 돌아올 수밖에 없었다.

> 나는 세상에서 가장 사랑스러운 아내를 두었지만, 그녀가 불평 없이 감내해야 하는 희생을 볼 때마다 마음이 아픕니다. 고립된 삶, 그리고 무엇보다 그녀의 엄청난 재능이 사라져가는 걸 보는 게 괴롭습니다. 그 재능이 살아 있을 수 있었다면 우리를 부유하게 만들 수도 있었을 겁니다. 영국엔 이제 위대한 연극 예술이 사라졌고, 예술은 거의 죽어가고 있습니다. 파리에서도 영어 연극은 완전히 사라졌고, 부활시키려는 시도는 모두 헛수고로 보입니다. 그래도 그녀에게 아들이 있

다는 것이 위안이 됩니다. 하지만 나는 일 때문에 늘 집을 비워야 해서, 그녀는 혼자 남겨지는 걸 힘들어하곤 합니다.

– 베를리오즈가 누이 낸시에게, 1836년 2월 21일

베를리오즈는 스미스슨이 안타까웠고, 이 모든 복합적인 갈등으로 인해 두 사람의 결혼 생활은 점차 균열이 생기기 시작했다. 예술적이고 자유로운 기질의 베를리오즈가 규칙적인 가정생활과 결혼의 충실성을 유지하는 것은 힘든 일이었다. 스미스슨은 빠르게 노쇠해졌고, 건강도 악화했다.

베를리오즈와 스미스슨의 결혼 생활은 1840년대 초반부터 큰 위기를 맞기 시작했는데, 베를리오즈가 전하는 바에 따르면, 스미스슨은 근거 없는 질투와 함께 그가 해외에서 연주회를 열기 위해 여행하는 것을 강력히 반대하며 그를 괴롭게 했다.

내 아내는 언제나 이러저러한 핑계를 대며 나의 여행 계획을 반대했습니다. 만약 내가 그녀 말을 들었더라면 지금까지도 파리를 떠나지 못했을 것입니다. 오랜 시간 동안 내가 전혀 원인을 제공하지 않았음에도 불구하고, 근

불멸의 연인

거 없는 미친 듯한 질투심이 바로 그녀의 반대 이유였습
니다. 나는 결국 내 계획을 실행하기 위해 비밀을 유지
해야 했고, 악보와 여행 가방 등을 몰래 집 밖으로 빼낸
뒤, 편지 한 장만 남겨놓고 갑자기 집을 떠나야만 했습
니다.[25]

- 베를리오즈, 『회고록』 중에서

결국 베를리오즈는 이후 새로운 연인을 만나게 되는데,
그녀는 바로 훗날 그의 두 번째 부인이 되는 오페라 가수, 마
리 레시오였다.* 1842년 9월, 베를리오즈와 스미스슨은 공식
적으로 별거하게 되었다. 당시 프랑스는 1816년 이후 이혼이
법적으로 금지되었으므로 별거 이후에도 배우자의 의무는
계속 유지되었다. 베를리오즈는 아내 스미스슨이 사망할 때
까지 그녀를 경제적으로 지원하는 동시에 레시오와도 관계
를 지속했다. 베를리오즈는 스미스슨과 헤어진 이후에도 여
전히 그녀를 염려했고 마음 아파했다.

이 시절 이야기를 더 길게 늘이지 않기 위해, 슬픈 이야

---

* 　베를리오즈는 스미스슨과 헤어진 뒤, 12년 동안 관계를 이어온 마리 레시오와 결혼
했다.

기로 들어가지 않고 싶습니다. 그날 이후 길고 고통스러운 갈등 끝에 아내와 나는 원만하게 별거에 합의했습니다. 그래도 나는 그녀를 자주 만나러 가고 있습니다. 그녀에 대한 내 애정은 조금도 변하지 않았으며 오히려 그녀의 건강이 좋지 않다는 사실이 내 마음을 더 아프게 만듭니다.[26]

– 베를리오즈, 『회고록』 중에서

스미스슨은 1848년 여러 차례의 뇌졸중으로 인해 거의 전신이 마비되는 비극적 상황에 이르렀다. 결국 1853년이 되자 그녀는 움직일 수 없게 되었고, 1854년 3월 3일, 세상을 떠났다. 베를리오즈는 스미스슨이 죽을 때까지 곁에서 그녀를 돌봐주었고, 자신이 죽은 후에 그녀의 유해를 옮겨 자신의 곁에 함께 묻어달라는 유언을 남기기도 했다. 이는 베를리오즈가 한때 그토록 사랑했던 스미스슨에게 지녔던 마지막 애정의 흔적이었다.

피에르 프티, 〈엑토르 베를리오즈〉, 1863.

베를리오즈의 음악

<환상교향곡>은 이야기를 담은 최초의 표제 교향곡이다. 베를리오즈는 <환상교향곡>에서 '고정 악상'이라는 장치를 마련했다. 고정 악상은 주인공의 연인에 대한 강박적인 이미지를 나타내기 위해 악장마다 사용된 선율로 이야기의 순간마다 분위기와 상황에 맞게 변형된다. 이 선율은 도입 악장의 주요 테마로 제시된다. 베를리오즈의 테마는 하나의 긴 선율을 바탕으로, 이를 확장하거나 장식하고 때로는 파편화하며 다양한 형태로 변형되는 특징을 지닌다.

<환상교향곡> 악보.

　　1악장은 느린 도입부의 등장 후, 소나타 형식의 특징인 대조적 테마와 반복되는 제시부를 지니는 알레그로로 이어진다. 발전부는 세 마디 휴지로 갑작스레 중단되며, 딸림조에서 주요 테마가 완전하게 나옴을 예고한 후, 으뜸조에서 승리에 찬 투티의 포르티시모 대목이 나타날 때까지 계속 나아간다. 2악장은 왈츠로 진행되며, 무도회 장면을 연출한다. 3악장은 목가적인 분위기로, 주인공이 전원을 거닐며 연인을 생각하는 장면을 묘사한다. 4악장은 주인공이 자신이 처형되는 꿈을 꾸는 장면을 죽음을 연상시키며 그려낸다. 5악장은 마녀의 축제를 묘사하며, 고정 악상과 두 개의 테마가 변형되어 등장한다. 초반에는 따로 나오지만, 이후 테마들이 결합하여 등장하는데, 한 테마는 그레고리오 성가의 부속가로, 진혼 미사의 한 부분인 <진노의 날(Dies Irae)>이다.

　　<환상교향곡>에서는 반복 등장하는 테마를 도입하여 각 악장에서 아이디어를 발전시키며 통일성을 부여했다. 또한 테마를 변형시키고 악기 음색을 조합하여 독창적인 면모를 보였다. 그는 약음기를 낀 현악기가 꿈을 암시하도록 했으며, 무도회 장면을 위해 하프를 사용하고, 잉글리시 호른과 무대 밖 오보에가

목동의 피리 소리를 표현하고, 단두대로의 행진을 위해 스네어 드럼과 심벌즈를 사용했다. 또 관 모양의 벨로 교회 종소리를 내며, 마녀들의 춤을 연상시키기 위해 활대로 현악기를 연주하게 했다. 이처럼 <환상교향곡>은 베를리오즈만의 상상력과 독창적 관현악 음향으로 전개된다.

베를리오즈의 박물관

현재까지 베를리오즈를 기리는 장소로는 엑토르 베를리오즈 박물관(Musee Hector-Berlioz)이 프랑스 이제르 지방 라 코트 생탕드레에 남아 있다. 베를리오즈의 생가였던 이 집은 약 1680년에 지어졌으며, 약 50년 뒤 베를리오즈의 증조부모가 구입한 후 크게 개축되었다. 베를리오즈는 1803년 12월 11일 이곳에서 태어나 열여덟 살까지 살았다. 이후 아버지가 1848년에 사망할 때까지 가족이 거주했다. 프랑스 문화부로부터 '위대한 인물의 집'이라는 명예 칭호를 부여받은 이 박물관의 전시실은 베를리오즈의 삶을 보여주는 다양한 유산으로 채워져 있다. 그의 서신, 악보, 개인 물품 등이 전시되며, 매년 지하 공간에서는 특별 기획전이 열린다.

2장

발렌슈타트 호수에서
Au Lac de Wallenstadt

프란츠 리스트와 마리 다구

Franz Liszt(1811~1886)

Marie d'Agoult(1805~1876)

프란츠 한프슈탱글, 〈프란츠 리스트〉, 1858.

프란츠 리스트 Franz Liszt

1811~1886. 프란츠 리스트는 압도적인 연주 기교와 화려한 음악으로 '피아노의 마술사'라 불린 19세기 낭만주의 시대의 대표적인 작곡가이자 피아니스트다. 피아노의 표현 가능성을 극적으로 확장하며 수많은 독창적인 작품을 남겼다.

특히 피아노곡 <헝가리 광시곡 2번>과 <사랑의 꿈 3번>은 가장 널리 사랑받는 작품으로 꼽힌다. 이 밖에도 <라 캄파넬라>, <피아노 소나타 나단조> 등을 통해 독창적이고 화려한 음악 세계를 보여주었다.

마리 다구 Marie d'Agoult

1805-1876. 마리 다구는 19세기 프랑스의 작가이자 사교계 인물로, '다니엘 스테른'이라는 필명으로 역사와 정치에 관한 글을 발표했다. 귀족 출신이었지만 기존의 삶에서 벗어나 예술가들과 교류하며 자유로운 지적 활동을 펼쳤다. 특히 회고록과 정치 평론을 통해 당시 유럽 사회와 문화의 분위기를 생생하게 기록했다. 대표작으로는 자전적 소설 『넬리다』가 있다.

사랑을 이성과 필요로 판단했다면 프란츠 리스트와 마리 다구의 사랑은 애초에 시작될 수조차 없었을 것이다. 물론 이들의 관계는 분명 사회적 금기를 넘는 것이었지만, 그렇기에 더욱 이성으로는 설명할 수 없는 감정의 힘이 작용했던 것도 사실이다. 리스트는 언젠가 다구에게 말했다.

"당신은 내가 필요로 하는 여인이 아니오, 당신은 내가 갈망하는 여인이오."[27]

격렬한 감정의 소용돌이 속에서, 두 사람은 세상의 시선에서 벗어나 발렌슈타트 호숫가와 같은 자연에서 잠시나마 위안을 얻을 수 있었다.

발렌슈타트 호숫가는 우리를 오랫동안 붙잡아두었
습니다. 리스트는 그곳에서 나를 위해 파도의 한숨
소리와 노의 리듬을 모방한 우울한 화음을 썼는데,
나는 그것을, 울지 않고는 결코 들어본 적이 없었습
니다.[28]

　　　　　　　　　　－ 마리 다구, 『회고록 1833-1854』 중에서

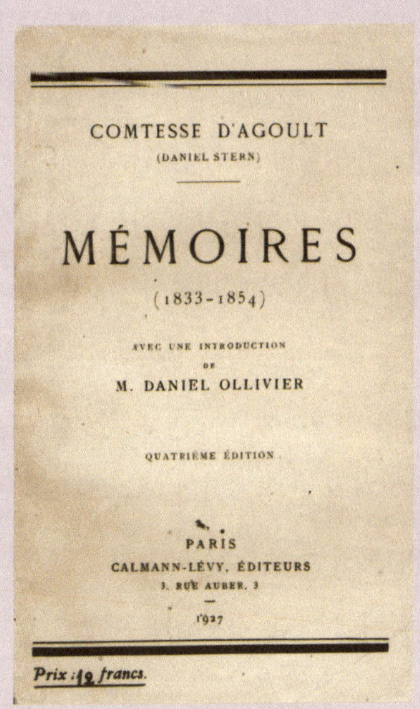

마리 다구, 『회고록 1833-1854』, 1927.

1833년, 봄, 파리의 1월은 살롱의 열기로 가득했다. 그달 파리의 여성 합창단을 주최한 르 바예르 백작 부인의 살롱에서는 모임이 열릴 계획이었다. 물론 파리 사교계의 여신이었던 마리 다구도 예외 없이 초대되었다.

파리의 사교계에서 마리 다구의 이름을 모르는 사람은 거의 없었다. 그녀는 여러 차례 자신이 살롱을 열어 도시의 문인과 예술가들을 불러 모으기로 유명했다. 그녀는 당시 파리 사회가 지배하던 엄격함에서 벗어나 새로운 사조와 생각을 기꺼이 받아들이면서 많은 작가와 예술가들과 교류했다.

문학과 음악 모임인 살롱은 파리 곳곳, 이를테면 노브데 마튀랭 거리, 플뤼메 거리, 샹젤리제, 에투알 원형 도로 같은

마리 다구의 살롱.

곳에서 열렸다. 그녀에게 살롱 모임은 삶의 유일한 낙이자 돌파구였다. 동시에 무료한 일상을 달래려는 수단이자 마음 한구석의 헛헛함을 채우는 시간이기도 했다.

마리 다구

프랑스 출신 장교이자 왕정주의자였던 아버지와 독일인 어머니 사이에서 태어난 다구는 스물두 살의 나이에, 자신보다 열다섯 살 연상인 백작과 사랑 없는 정략결혼을 한 여인이었다. 그녀는 어려서부터 아버지의 영향을 받아 문학·역사·철학에 깊은 관심을 가지면서 피아노와 성악에도 뛰어난 감각을 보이면서 음악적 소양 또한 남달랐다.

열네 살이 되던 해부터는 예수성심수도회의 수도원에서 교육을 받았는데, 이후에는 투렌 지역에서 수업을 이어가며 프랑수아르네 드 샤토브리앙, 장자크 루소, 알퐁스 드 라마르틴과 같은 대문호들의 영향을 받으며 지성인으로 성장할 수 있었다.[29]

결혼 후에는 두 아이의 어머니가 되었고 금전적으로나 사회적 지위 면에서 전혀 부족함 없이 살았다. 그 당시 다구는 파리 사회에서 예술과 지성을 누릴 수 있는 최고의 위치에 있었다. 그러나 문제는 화려하게 반복되는 인생 속에서 무료함과 깊은 허무에 잠겨 있었다는 것이었다. 다구는 가족력으로 인해 천성적으로 우울한 면이 있기도 했는데, 무엇보다 그녀의 내면을 더욱 갉아먹은 것은 결혼생활이 가져온 감정적 고립과 정서적 황폐함이었다. 남편 샤를 백작은 기병대 대령 출신으로 많은 사람에게 훌륭하다는 평을 받았지만, 정작 결혼 생활은 그녀가 꿈꾸었던 것과는 거리가 멀었다. 남편은 군인이었기에 집을 비우는 일이 잦았고, 다구는 남편이 없는 날들을 자주 보내야만 했다.

다구는 평소 자신이 당시의 프랑스적 관념에 따라 결혼해버렸다는 사실에 허탈한 마음을 갖고 있었다. 자신의 결혼은 애정이 아닌 계산의 결과였다고 토로하기도 했다. 당시 프랑스에서 사랑으로 결혼한다는 것은 어리석은 일로 여겨지거나 광기에 가까웠고, 심지어 사회적으로도 부적절한 일로 여겨진 것이 사실이었다. 실제로 당시의 결혼이란 두 집안의 재산과 신용을 합쳐 더 큰 이익을 만드는 하나의 거래였고, 다구는 한 집안의 '좋은 결혼'이 가져다줄 사회적 성공과 두 가문을 잇는 일이 사업처럼 추진되었던 시절에 결혼한 것이었다.[30]

테오도르 샤세리오, 〈마리 다구의 초상화〉, 1841.

다구의 남편은 그녀의 꿈, 야망, 기대, 로맨틱하면서도 예민한 젊은 여인의 환상들에 관해서는 관심을 가지지도 않았으며 이해하지도 못했다. 다구는 결혼을 한 이후로 단 한 순간의 기쁨도 없었고, 마음과 정신이 완전히 고립되는 듯한 느낌이 들이닥쳤다고 고백했다. 사랑을 느끼지 못하는 남자에게 인생을 맡겼다는 사실은 그녀에게 죽음 같은 슬픔을 드리웠다.[31] 그녀는 백작과 결혼하지 않았더라면 어땠을까 하는 생각을 자주 하곤 했다.

다구는 키가 크고 호리호리한 몸매에 품위 있는 자태를 지닌 빼어난 미인이었다. 풍성한 금발 머리칼은 녹아내리는 황금빛이었고, 반쯤 땋아 올린 머리에 아름다운 얼굴과 우아한 몸짓은 사람들의 시선을 사로잡기에 충분했다. 그러나 그 청아한 외모 뒤에 심적 결핍과 무언가를 향한 갈망이 숨어 있다는 것을, 대부분의 사람은 알 리가 없었다.

다구는 상상력이 풍부했고 평범하지 않은 감성을 지닌 여인이었다. 프랑스적 기질과 독일적 기질이 독특하게 뒤섞여 있었던 그녀는 부드러움, 친절함, 선의가 있었고, 허세나 허영, 가식, 무례함과는 거리가 멀었다. 그녀 안에는 일종의 순수함이 남아 있었고, 자신을 과하게 드러내지 않으려 애썼기 때문에 사람들 눈에는 다소 차갑고 무심하게 보이기도 했다.
다구의 내면에는 강렬하고 깊은 열정이 있었지만 그녀에게
는 내면으로 깊이 파고드는 성질이 있어 그 열정이 쉽게 드
러나지 않았다.[32]

마리 다구.

오랜 세월 예의를 몸에 익히기는 했지만 다구는 자신이 느끼지 않는 감정을 꾸며내는 일은 전혀 하지 못했다. 사교적인 말, 상투적인 표현들, 수다, 허세, 스스로를 뽐내는 이들은 모두 그녀에게 깊은 불편함을 주었다. 다구는 사교계의 여신이라 불리기는 했지만 사실 사교 생활과는 어울리지 않는 성향을 타고난 사람이었다. 지나치게 조심스러웠고, 마음을 드러내는 데 시간이 걸렸으며, 말의 친밀함 속에 담긴 작은 뉘앙스에도 쉽게 상처받았다. 사람들이 자신을 알아채는 것을 두려워해 자신을 숨겼고, 또 사람들이 오해할까 두려워 말을 아꼈다. 그녀는 너무 진지하고 솔직해서, 꾸며진 세상 속에서 이상하게 보이지 않기 위해 스스로를 억누르기도 했다. 때론 태연한 척하기도 했지만 또 자존심이 세서 누군가의 끈질긴 접근이나 요구를 견디지 못했다.

리스트와 다구의 만남

1833년 1월 어느 밤의 살롱에서도 다구는 평소처럼 미소를 지으며 사람들의 대화에 끼려 노력하고 있었다. 그러나 그날만큼은 더욱 심한 지루함으로 시간이 느리게만 흐르는 것 같았다. 그때 문이 열렸고, 다구의 일생일대의 사건이 될 주인공이 모습을 드러냈다. 바로 헝가리 출신의 피아니스트, 프란츠 리스트였다.

리스트는 키가 무척 크고 마른 모습이었다. 창백한 얼굴에 박힌 크고 푸른 눈동자는 햇살을 머금은 물결처럼 반짝이고 있었다. 그러나 그의 표정에는 어딘가 깊은 고뇌의 흔적이 어려 있었다. 다구는 그런 그를 보자마자 단숨에 빠져들 수밖에 없었다. 리스트는 순간적으로 다구의 온 감각을 깨웠고 그녀는 리스트가 자신이 지금까지 본 사람 중 가장 비범한 존재라고 생각했다.[33]

프리드리히 폰 아머링, 〈프란츠 리스트의 초상화〉, 1838.

제가 본 사람 중 가장 특별한 사람이 제게 불러일으킨 그 감각을 설명할 만한 단어를 찾을 수 없기에, 저는 그를 '유령'이라는 단어로밖에 표현할 수 없습니다. 그는 키가 크고 극도로 말랐으며, 얼굴은 창백했고 커다란 바닷빛 녹색 눈동자는 마치 햇빛을 받은 파도처럼 빛났습니다. 그의 표정에는 고통의 흔적이 서려 있었지요. 그는 망설이듯 움직였고, 마치 어둠으로 돌아가야 할 시간이 다가온 유령처럼 산만하고 초조하게 방 안을 미끄러지듯 걸어 다녔습니다. 그는 생기 넘치고 독창적으로 말을 했고, 그의 말은 내 안에서 잠들어 있던 온 세상을 깨워 놓았습니다. 젊은 마법사의 목소리는 내 앞에 무한한 세계를 펼쳐 보였고, 나는 그 속으로 빠져들어 길을 잃고 말았습니다. 우리 사이에는 아주 미숙하면서도 매우 심오하고 진지한 무언가가 존재했습니다.[34]

– 다니엘 스테른*, 『나의 추억들』 중에서

다구가 리스트의 신비로운 분위기에 마음이 빼앗겨버렸듯, 리스트도 그녀에게 빠져들긴 마찬가지였다. 당시 다구가

* 마리 다구의 필명.

   불멸의 연인

스물일곱, 리스트는 스물하나였으므로 다구는 리스트보다 여섯 살이 많았다. 그렇지만 둘에게 나이 차이는 아무런 문제가 되지 않았다. 다구는 리스트 안에서 완전히 새로운 존재의 방식과 매력을 발견했다. 이들은 첫 만남부터 마치 오랫동안 만나왔던 사람들처럼 이야기를 나눌 수 있었다. 옆에서 지켜보는 이들이

요제프 크리후버,
〈프란츠 리스트〉, 1838.

둘의 미묘한 감정을 알아차릴 수 있을 정도였다.[35] 그날의 만남 이후, 두 사람은 편지를 주고받으며 서로를 향한 숨김없는 마음을 전했다.

> 다행히 어제 피곤하다는 구실로 금요일 약속 하나를 거절했습니다. 그리고 더없이 다행인 것은, 백작 부인께서 허락만 해주신다면 제가 댁에서 한두 시간을 보낼 수 있다는 점입니다. 이에 진심으로 감사드리며, 이번 주는 제 기억 속에 가장 음악적이고 가장 행복한 한 주로 남을 것임을 확신합니다.[36]
>
> ─리스트가 다구에게, 1833년 1~4월, 파리

만약 제가 잘못 알지 않았다면, 부인께서는 목요일에는 거의
외출하지 않으시고, 금요일에는 전혀 나가지 않으시는 것으
로 알고 있습니다. 그렇다면 제가 피아노 듀엣을 위한 새로
운 곡들을 가지고 그 두 저녁 중 어느 날이든 찾아뵈어도 될
까요? 부인께서 편하신 날을 알려주신다면요.[37]

—리스트가 다구에게, 1833년 1~4월, 파리

노디에르의 글 중에 당신의 생각과 통하는 글귀가 있습니다.
"나는 내 마음을 억누르고 옥죄는 이 메마른 세부적 환경들
을 벗어나고 싶습니다. 나는 다른 공기, 다른 지평이 필요합
니다. 내 생각이 자유롭게 사라지고, 눈앞에 펼쳐진 광대한
무한 속에서 다시 참여할 수 있는 그런 세계가 필요합니다."
부인, 이런 감상적인 말투에 대해 100번이라도 사과드립니
다. 오늘 저녁, 당신을 찾아뵙겠습니다.[38]

리스트가 다구에게, 1833년 4월 6일 혹은 7일, 파리

새로워졌습니다! 봄의 나무가 새잎으로 다시 태어나듯, 영
혼이 정화되어 별들로 올라갈 자격을 얻은 것처럼 새로워
졌어요! 그 이후로 당신은 내 안에서 다시 살아난 것 같습니

다. 당신의 생기 넘치는 다가옴, 그리고 당신 목소리의 가늘지만, 인상적인 음색조차도 내가 흉내 낼 수도, 다시 찾을 수도 없습니다. 아! 저는 너무 행복합니다! 이제 저는 완전하게 살아갈 수 있습니다! 무슨 일이 일어나든지 간에 말이죠. 오! 제발 글로 남긴 제 말을 영원히 기억해주시겠습니까?

-리스트가 다구에게, 1833년 4월 말, 파리

우리의 마음이 불타고 혼란스러울수록 평온과 침묵에 더 끌립니다. 이곳은 아름답고 웅장하지만 슬픕니다. 저는 여기에 도착한 이후, 저의 존재가 그들에게 희망을 준다고 믿는 사람들 속에 둘러싸여 있습니다. 하지만 저는 혼자입니다. 오직 하나의 위대한 생각과 함께 말이죠. 그 생각은 바로 당신입니다. 저는 당신을 그렇게 위대하고, 선하고, 신성한 존재로 보기 때문에, 오히려 저의 비참함 속에서 자신을 위로한답니다. 저는 말할 수 없습니다. 당신은 이미 저의 마음을 알고 있을 테니까요. 저는 신비주의적 충동을 느낍니다. 다시는 당신을 보지 않기를 바라는 듯한 두려운 마음도 듭니다. 하지만 저는 영혼 전부로 당신을 사랑합니다.[39]

-다구가 리스트에게, 1833년 4월 28일, 크루아시

리스트가 다구에게 보낸 편지.

부인, 당신이 부탁했던 두 곡의 악보를 보냅니다. 저를 선택해주셔서 감사드리며, 언제든 다시 부탁해주세요. 어젯밤 유럽 문학계 연회에서 베를리오즈의 〈환상교향곡〉을 다시 들었습니다. 그 어느 때보다 완전하고 진실하게 느껴졌습니다. 6월 말까지 살아 있다면, 이 작품을 피아노용으로 편곡할 생각입니다. 당신이 내게 베풀어준 친절을 자주 떠올립니다. 당신이 약속했던 그 작은 음악적 약속을 잊지 말아주세요.

-리스트가 다구에게, 1833년 5월 3일, 파리

그는 바로 당신입니다. 언젠가 당신은 '당신을 너무 사랑해서 오히려 그리움이 느껴지지 않는다'고 말했지요. 오늘 나는 그 말이 진실임을 온전히 느낍니다. 당신은 언제나 여기, 내 안에 있어요. 당신의 흔적은 내 삶의 모든 순간에 남아 있습니다. 아델이 내 머리를 빗어줄 때, 나는 거울 속의 이마를 보며 당신을 생각합니다. 아침에 커피를 마시며, 내가 마치 스탈 부인*이 된 듯 웃어요. 닭고기나 밥을 먹을 때조차 당신의 기억이 떠오릅니다. 나는 시골의 나무 밑에서 농민들과

---

*　Mme de Staël, 프랑스 혁명기와 나폴레옹 시대를 대표하는 작가이자 사상가, 그리고 유럽 지성계에 큰 영향을 끼친 살롱 주최자. 혁명과 자유, 개인의 감정과 도덕성에 대한 글을 발표하며 유럽 전역에서 명성을 얻었다.

대화하며 당신이 그들의 목소리를 듣는 듯 느낍니다. 밤에는
피아노 앞에서 울지요.

-다구가 리스트에게, 1833년 5월 5일, 크루아시

이 편지들이 오가는 동안 리스트와 다구는 이미 서로에게
깊이 빠져 있었다. 둘은 사람들의 눈을 피해 비밀리에 만나
려 했고, 적절한 장소를 찾아다녔다. 파리 외곽에 있는 크루
아시 성, 때로는 리스트 어머니의 집에서 만나기도 했다. 이
즈음에는 모두가 쉬쉬하긴 했지만 파리의 사교계에서 이 둘
은 이미 알 사람은 다 아는 커플이 되었고, 이들의 사랑은 사
교계의 암묵적인 화제가 되었다.

파리 외곽의 크루아시 성.

당시 리스트는 사회적으로 용인되지 않았던 사랑에 대한 비난과 내적 고통, 그리고 존재적 피로 속으로 빠져들며 깊은 슬픔을 느꼈다. 그는 자신의 사랑이 삶과 죽음을 초월한 유일하고 신성한 연대임을 고백하면서 마리와의 영적 교감과 예술적 소통을 통해 생의 의미를 찾으려 했다.

젊은 시절의 모든 감정 가운데, 지금 내게 남아 있는 것은 다가오고는 있으나 아직 형체를 드러내지 않은 미래에 대한 음울한 확신뿐입니다.

나는 더 이상 살아 있지 않습니다. 아니, 더 이상 오래 살기를 바라지 않습니나. 그것이 무엇이 문제겠어요. 지난 며칠 동안, 그 모든 고통스럽고 거짓된 관계들을 끝내야 한다는 생각이 나를 끊임없이 괴롭혀왔습니다. 어제 힐러가 불렀던 독일 발라드는 이렇게 끝이 납니다.

'우리는 서로를 너무도 사랑했습니다. 그래서 둘 다 죽어야 했습니다. 둘 다, 죽어야 했습니다. 그런데 오늘, 태양은 나에게 유난히 아름답게 보입니다. 삶은 이렇게도 신비롭습니다. 오, 이 모든 것이 한 인간의 꿈일 뿐일까. 그렇지 않은가. 그럼에도 나는 일하고 있습니다. 며칠만 울게 해주시오. 나

를 불쌍히 여기지 말아주시오. 나와 함께 있어주시오. 내 곁
에 머물러주시오. 다른 누가 감히 내 무덤 위에 그의 손과 축
복의 표식을 올릴 수 있으리오.'[40]

– 리스트가 다구에게, 1834년 1~4월, 파리

그 와중에도 사건은 끊이지 않았다. 한번은 리스트가 과
거에 다른 여성에게 보낸 연애편지 묶음이 우연히 다구의 손
에 들어갔는데, 그녀가 분노와 질투에 휩싸여 심하게 언쟁을
벌이기도 했다. 다구는 편지를 읽고 격분하여 리스트에게 심
한 말을 퍼부었고, 그는 철없던 시절의 실수라 해명하며 용
서를 구했다. 이후 리스트는 브르타뉴로 휴가를 떠나고, 다
구는 성에 머물며 시간을 가지기도 했다. 하지만 더 큰 비극
이 그들을 기다리고 있었다.

그해 겨울, 샤를 다구 백작과의 사이에서 낳은 여섯 살 난
딸 루이즈가 갑작스러운 뇌막염으로 세상을 떠난 것이다. 루
이즈는 파리의 병실에서 열에 들떠 앓다가 며칠을 넘기지 못
하고 조용히 숨을 거두었다. 다구는 모든 것을 잃은 듯한 충
격 속에 무너져버렸고, 자신이 죽은 딸 곁에 있지 못했다는
사실과 세상 사람들에게 손가락질받는 사랑을 선택했다는

불멸의 연인

죄책감에 시달려야만 했다. 다구는 밤마다 아이의 이름을 부르며, 아이가 죽는 순간을 생각하면서 슬픔에 잠길 수밖에 없었다.

> 나는 아이를 내 품에 안았습니다. 아이는 비명을 질렀고, 그 몸이 축 늘어져 무감각한 무게로 내 가슴 위에 내려앉는 걸 나는 느꼈습니다.[41]
>
> — 마리 다구, 『회고록 1833-1854』 중에서

이 시기의 다구는 우울증에 빠져버렸으며 그녀의 정신적 균열은 극도에 달했다. 리스트는 이 소식을 듣자마자 연주 일정을 모두 취소하고 곧장 파리로 달려왔다. 그는 다구의 곁을 지키며 위로의 말을 건넸지만, 그녀는 그를 거부했다. 다구는 한동안 편지를 되돌려 보내고, 문을 잠그고, 사람들을 일절 만나지 않았다. 슬픔과 자책, 그리고 자신이 신의 벌을 받은 것이라는 생각이 그녀를 완전히 잠식해버렸고, 스스로 생을 마감할 생각을 하기도 했다. 그해 겨울은 다구에게 유난히 길고 추웠다.

반년 가까이 다구의 얼굴조차 보지 못한 리스트의 마음은

타들어가기만 했다. 그는 다구에게 계속 편지를 보내보았지만 묵묵부답이었다. 결국 리스트는 그녀에게 프랑스를 떠나겠다는 편지를 보내면서 마지막으로 한 번만 만나달라고 부탁했다. 그것은 이별을 말하기 위해서가 아니라 서로를 이해하기 위해, 고통을 덜어주기 위해, 그리고 여전히 그가 곁에 있다는 것을 보여주기 위해서였다.

간절한 마음이 담긴 편지에 마음이 열렸던 것일까. 다구는 마침내 마음을 돌렸고, 1835년 3월 파리로 돌아와 리스트와의 눈물 어린 재회를 했다. 그리고 그해 다구는 리스트와의 첫딸을 임신했다. 하지만 당시 아무리 프랑스가 겉으로 자유분방한 사회였다 하더라도 기혼 신분이었던 다구와 리스트는 사람들의 시선에서 결코 자유로울 수가 없었다. 연애는 고사하고 임신 사실이 알려지면 큰 추문이 될 터였다.

다구는 마침내 자신의 가정을 포기하기로 결심했고, 1835년 5월 남편에게 편지를 써서 더 이상 함께할 수 없음을 전했다. 그리고 리스트와 은밀히 스위스로 떠나 새로운 인생을 시작할 계획을 세웠다. 두 사람은 이 모든 과정이 비밀리에 진행되도록 노력했지만, 아무리 감추어도 파리 사교계의 입소문을 완전히 막을 수는 없었다. 파리에서는 이름난 미모의 귀부인이 남편을 버리고 피아니스트와 함께 달아난다는 소문이 자자했다. 리스트는 이미 당시에도 유명 인사였기에 파리의 사교계는 두 사람의 이야기로 가득했다.

그해 6월, 리스트와 다구는 파리에서 탈출해 사랑의 도피를 감행했다. 두 사람은 먼저 바젤을 거쳐 스위스 제네바로 향했다. 제네바는 리스트가 예전에 연주회를 위해 방문한 적이 있던 도시였다. 바젤에서 제네바로 가는 길 자체는 비교적 단조로운 여정이었지만, 두 사람은 스위스에 도착한 뒤 여러 지역을 여행하며 여정 중간중간 발렌슈타트 호수 같은 장관을 만끽할 수 있었다.

스위스의 자연 속에서 보낸 시간은 리스트에게 깊은 영감을 불어넣어주었다. 두 사람은 이곳에서 머무는 동안 많은 책을 읽으며 지적인 교감을 나눌 수 있었다. 리스트는 이 풍경을 담아 그의 예술 세계에 중요한 흔적을 남기게 되었다. 1835년부터 1836년까지 리스트는 알프스산맥 주변을 여행하며 느낀 감정들을 여러 편의 피아노 소품으로 작곡했고, 이렇게 탄생한 곡들은 1842년 〈여행자의 앨범(Album d'un Voyageur, S.156)〉이라는 이름으로 세상에 나왔다. 이후 이 작품이 대폭 개정되어 대작 〈순례의 해(Années de Pèlerinage I:

Suisse, S.160) 1권 스위스 모음곡〉으로 발표되었다. 리스트는
이 작품의 서문에서 "다양한 풍경과 유서 깊은 장소들을 여
행하며 내 혼에 깊이 새겨진 강렬한 감동과 인상들을 음악으
로 그려보았다."라는 문구를 남기기도 했다.

모음곡에 담긴 곡들에는 마리와 함께 본 장대하고 아름다
운 자연의 정취와 정서가 고스란히 담겨 있었다. 고요한 호
숫가의 풍경은 〈발렌슈타트 호수에서(Au Lac de Wallenstadt)〉의
잔잔한 선율로 떠올랐다. 리스트는 이 곡에서 조지 고든 바
이런의 시집인 『어린 헤럴드의 순례(Childe Harold's Pilgrimage)』
에 등장하는 '맑고 고요한 레만 호수여(Clear, Placid Laman)'의
첫 연의 일부를 인용했다.

〈순례의 해〉 악보 표지, 1855.　　〈순례의 해 제2년: 이탈리아〉의 부록(Supplément) 곡집.

스위스의 발렌슈타트 호수.

〈발렌슈타트 호수에서〉 연주 영상.

맑고 고요한 레만 호수여, 너는 얼마나

내 살아온 어지러운 세계의 반대편에 있는가.

너의 정적은 나더러 거친 세상의 물결을 버리고

보다 깨끗한 샘에 오라고 한다.

이 시는 마치 리스트와 다구가 파리로부터 도피해 맞이
한, 험한 세상과는 상반되는 고요하고 평온한 심경을 그려내
는 듯했다. 그 후 다구는 리스트와 함께한 그 시절을 회상하
며 발렌슈타트 호수와 그의 음악을 다음과 같이 기록했다.

발렌슈타트 호숫가는 우리를 오랫동안 붙잡아두었습니다. 리스트는 그곳에서 나를 위해 파도의 한숨 소리와 노의 리듬을 모방한 우울한 화음을 썼는데, 나는 그것을 울지 않고는 결코 들어본 적이 없었습니다.[42]

－다니엘 스테른, 『나의 추억들』 중에서

리스트의 작품에서 알프스에서 맞닥뜨린 거센 폭풍우의 기억은 〈폭풍우(Orage)〉의 번뜩이는 악절로 되살아나기도 했다. 때로 그는 스위스 풍광 속에서 느낀 고독과 향수를 〈오베르만의 골짜기(Vallée d'Obermann)〉나 〈고향의 땅에 대한 그리움(Le Mal du Pays)〉과 같은 곡에 실어보기도 했다.

그렇게 두 사람은 7월에 도착한 낯선 땅, 제네바에서 조심스럽게 동거 생활을 시작했다. 그곳에서 리스트는 피아노를 가르치며 가장으로서 책임을 다했다. 1835년 겨울에는 첫딸 블랑딘을 품에 안았다. 차가운 알프스의 공기 속에서도 다구와 리스트의 일상은 나름의 행복으로 채워져갔다. 언젠가 아기가 잠든 밤이면 창밖으로 제네바 교회의 종소리가 은은히 퍼져 나왔고, 리스트는 그런 밤의 정취를 오선지 위에 옮겨놓기도 했다. 그는 제네바 호숫가에서 들은 맑은 종소리

불멸의 연인

에 영감을 받은 곡인 피아노를 위한 녹턴 〈제네바의 종소리 (Les Cloches de Genève)〉를 작곡했고, 그 곡을 딸 블랑딘에게 헌정했다. 종이 울리는 밤 풍경을 그려낸 아름다운 곡은 훗날 그들의 스위스 시절을 영원히 기념하게 되었다.

그 와중에 리스트의 인기는 제네바에 있어도 여전했다. 사람들은 제네바까지 리스트를 찾아오기도 했다. 그리고 시간이 흐를수록 두 사람은 파리를 그리워할 수밖에 없었다. 1836년 말에는 파리로 잠시 돌아와 살롱을 열기도 하고, 연

요제프 단하우저, 〈피아노 앞의 리스트〉, 1840.

〈오베르만의 골짜기〉 연주 영상.

〈제네바의 종소리〉 연주 영상.

앙리 르만
〈코지마와 블랑딘 리스트〉, 1839.

주 활동을 하기도 했다.

1837년 다구가 둘째를 임신하면서 두 사람은 어린 블랑딘을 데리고 알프스를 넘어 이탈리아로 향했다. 1837년 12월, 이탈리아에서 둘째 딸 코지마가 태어났고 리스트는 두 아이의 아버지가 되었다. 아이들과 함께한 이탈리아에서의 생활은 잠시나마 평온하고 행복한 듯 보였다. 그러나 천상 음악가인 리스트의 마음 한편에는 다시 무대에 서고 싶다는 열망이 되살아나고 있었다. 리스트는 가정에만 묶여 있는 자신 모습에 점차 안달을 느끼더니, 결국 공연 여행을 다시 떠나기로 결심했다. 가정의 행복 속에서도 리스트의 영혼은 끊임없이 사람들의 박수갈채를 향해 흔들렸고, 그 무렵부터 둘 사이에는 서로를 향한 불신의 말들이 오가기 시작했다.

애초에 리스트와 다구는 서로 성향이 맞지 않았다. 다구는 연주하는 음악가보다는 안정적인 남편을 원했다. 다구가 갈망하던 삶이 안정적인 가정이었다면, 리스트는 자유와 열정을 원했다. 바로 그 차이 때문에 둘은 오래 버틸 수 없는 긴장을 안고 있었다. 다구는 리스트에게 영감을 주기보다는 음악 활동을 못 하게 했고, 그를 두고 하층 계급이라고 자주 무시하기도 했다.

결정적인 균열은 1838년에 찾아왔다. 당시 리스트는 밀라노, 베네치아, 빈을 오가며 연주 활동에 몰두하고 있었고, 그해 3월에는 다뉴브강의 범람으로 고통받는 헝가리를 돕기 위해 빈에서 자선 연주회를 열어달라는 요청을 받자마자 곧장 떠났다. 그러나 다구는 이 결정이 단순한 동정심이나 애국심에서 비롯된 것이 아니라고 의심했다. 그녀는 리스트가 다시금 무대의 환호와 성공, 그리고 찬사를 받고 싶은 마음이리고 생각했고, 그 생각은 곧 그녀의 마음속에서 냉소와 불신으로 자라나기 시작했다.

리스트는 다구와의 이러한 불화에 불안했고 의사를 찾아갈 정도로 고통스러운 나날들을 보냈다. 그럼에도 리스트는 연일 자선 공연을 펼치며 명성을 떨쳤고 헝가리의 국민 영웅이 되기도 했다. 연주회를 열 때마다 현지 귀부인들의 살롱에 초대되었고, 여러 여인이 앞다투어 리스트의 모금 활동을 후원했다.

사실 당시 리스트의 인기는 거의 열병에 가까웠다. 빈의

테오도어 호제만, 〈콘서트홀의 리스트〉, 1842.

신문들은 연일 그의 연주를 대서특필했고, 공연마다 좌석이 매진되어 입장권은 암표로 거래될 정도였다. 연주가 끝나면 관객들은 무대 앞으로 몰려들어 그에 대해 이야기했고, 살롱에서는 그가 남긴 선율을 피아노로 재현하며 밤이 깊도록 화제를 이어갔다. 리스트가 공연할 때 쏟아진 열광적인 팬들의 광기를 가리키는 말인 '리스토마니아(Lisztomania)'라는 이름이 본격화되기도 전이었지만, 젊은 귀부인들 사이에서는 그의 소품을 모으거나 연주 프로그램을 보관하는 풍속이 생겨나기 시작했고, 각지의 후원회는 그가 등장하는 무도회와 모금 파티 일정을 서로 먼저 잡기 위해 경쟁했다. 자선 무대가 거듭될수록 그는 단순한 명연주자를 넘어 '공적 감동을 일으키는 스타'로 부상했다. 헝가리인의 자부심과 유럽 대중의 숭배가 겹치며 리스트의 이름은 곧 어디서나 들려오는 화젯거리가 되었다.

반면 홀로 남은 다구는 심각한 우울증을 앓고 있었고, 불안과 서러움 속에 그가 하루빨리 돌아오길 애타게 바랐다. 그녀는 리스트가 자신과 아이들만 남겨두고 연주하러 다니는 것을 몹시 못마땅해했다. 다구는 음악이 리스트와 자신의 관계를 멀게 한다고 생각하면서 계속 더 깊은 우울감에 빠졌다. 그러니 리스트는 빈의 환호에 취한 채 약속된 시간보다 몇 주를 더 머무른 후에야 뒤늦게 돌아왔다. 돌아온 리스트를 맞이한 것은 다구의 울분 어린 의심과 성난 눈빛이었다. 격앙된 그녀는 그를 신랄하게 비난했고 자신을 향한 이러한 모욕에 리스트도 크게 분노하면서 두 사람의 관계는 걷잡을 수 없이 틀어지기 시작했다.

실제로 리스트에게는 세상의 영광을 좇으려는 것과 동시에 그 세상에서 도망치고 싶어 하는 두 마음의 욕망이 있었다. 연주 생활이 가져다준 수많은 기회와 사람들의 아첨, 그리고 강렬하고 에로틱한 본성에서 비롯된 불륜도 있었다. 한편, 그는 다구가 자신의 인생에서 가장 소중한 유일한 존재이며, 세상에서 가장 섬세하고 매력적인 사람, 가장 사랑스러운 존재라고 고백하기도 했다. 그는 자신이 오직 다구와 음악만을 위해 살게 될 것이고, 둘이 서로 떨어져 사는 삶은 상상할 수 없다고 말하기도 했다. 그러나 둘 사이의 불화는 그 마음을 뛰어넘을 정도로 심각했다.

더 늦기 전에 관계를 정리해야 한다는 얘기가 오갔다. 두 사람은 당장 완전히 헤어지기보다는 서로의 길을 존중하며 거리를 두는 방향을 택했다. 그러나 1838년 늦가을, 다구가 셋째 다니엘을 임신한 것을 알게 되자 리스트는 그녀를 두고

〈블랑딘, 코지마, 다니엘 리스트〉, 1847.

떠날 수는 없었다. 그는 한동안 다구의 곁에 머물며 힘이 되어주기도 했다. 하지만 이렇게 애써 이어간 관계는 결국 오래가지 못했다. 1839년 5월 다니엘이 태어나고 두 사람의 사랑은 식어만 갔다.

1839년, 다구는 리스트 없이 파리로 돌아왔다. 그녀는 깊이 상처

입었지만 그 슬픔을 겉으로 드러내지 않기로 결심했다. 평소처럼 살롱을 다시 열기도 했고, 글을 쓰며 자신의 목소리를 세우는 신여성으로 살아가기로 했다.

다구는 막내아들의 이름을 딴, '다니엘 스테른(Daniel Stern)'이라는 필명으로 활동을 시작했고, 신문에 기고하고 평론을 발표하며 점차 지식인 사회에서 영향력을 키워갔다. 이러한 활동의 정점에 선 작품 중 하나는 『1848년 혁명사(Histoire de la Révolution de)』[43]였다.

1846년에는 자신의 체험을 바탕으로 한 『넬리다(Nélida)』라는 소설을 썼다. 소설은 「르뷔 앙데팡당트(Revue Indépendante)」에 연재되었고, 곧바로 단행본으로 출판되었다. 책은 출간

『1848년 혁명사』, 1850~1853.

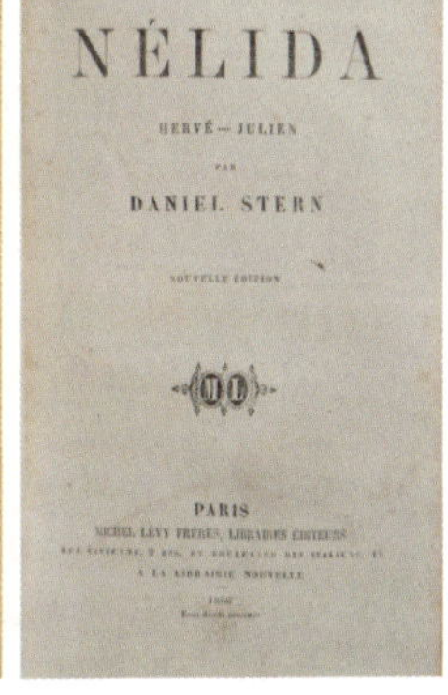

『넬리다』, 1846.

당시 노골적으로 작가와 리스트의 이야기를 암시한다는 이유로 큰 관심을 모았다. 소설 속에서 주인공 넬리다와 게르만은 다구와 리스트를 그대로 비춘 인물로 보일 만큼 유사점이 뚜렷했다. 소설을 통해 다구는 리스트에게 모욕을 당했다고 느꼈으며, 그 감정이 곧 증오로 변해갔음을 드러냈다. 이러한 내용은 리스트에게 상당한 곤혹을 안겨주었다. 책은 1866년 재판되어 프랑스에서 리스트의 평판에 다시 한번 손상을 입히기도 했다.[44] 다구는 소설을 통해 자신의 사랑에 대한 문학적 복수를 한 셈이었다.

젊은 시절 격정적인 사랑으로 유럽 사교계를 떠들썩하게 했던 프란츠 리스트와 마리 다구는 말년에 이르러 전혀 다른 삶의 방향에 서게 된다. 스위스와 이탈리아를 함께 여행하며 예술적 이상을 나누던 시절은 오래전 일이 되었고, 두 사람은 각자의 자리에서 조용히 늙어갔다. 한때 서로의 전부였던 두 사람은 말년에 이르러서도 다시 만나지 않았다. 리스트는 신과 음악 속으로, 마리 다구는 역사와 사유의 세계 속으로 걸어 들어갔다.

프란츠 리스트는 1860년대 이후 점차 종교적인 삶으로 기울었다. 1865년 로마에서 하급 성직 서품을 받고 '아베 리스

트*'라 불리며, 화려한 피아니스트
의 이미지에서 벗어나 보다 내면적
인 예술가로 변모했다. 그는 로마와
바이마르, 부다페스트를 오가며 제
자들을 가르쳤고 젊은 음악가들을
후원했다. 후기 작품들은 이전의 눈
부신 기교 대신 고독하고 실험적인
화성으로 채워졌다. 세상의 열광을
받던 거장의 말년은 오히려 절제와

앙리 르만,
〈프란츠 리스트의 초상화〉, 1839 .

경건, 그리고 고독으로 물들어 있었다. 그는 1886년 바이로
이트에서 세상을 떠났다.

마리 다구는 1876년 3월 5일 파리에서 세상을 떠났다. 향
년 70세였다. 급성 질환으로 전해지며(당시 기록에는 뇌졸중 계
열로 보는 견해가 많다), 비교적 갑작스럽게 병세가 악화되고 며
칠 만에 생을 마감했다. 리스트와 헤어진 이후 역사가이자
사상가로 자리매김했던 다구의 죽음은 젊은 시절처럼 세상
을 떠들썩하게 하지는 않았지만 파리 지식인 사회에서는 의
미 있는 상실로 받아들여졌다.

----

* '아베(Abbé)'는 프랑스어로 가톨릭 성직자를 뜻하는 호칭이다. 세속적인 음악가에서
종교적인 삶으로 기울어진 리스트의 정체성을 함께 담고 있는 호칭이라고 볼 수 있다.

　그러나 개인적인 삶에서는 다소 고독한 마무리였다. 코지마는 아버지인 리스트와 더 가까웠고, 모녀 사이는 다소 냉랭했다. 결국 다구는 코지마와의 관계를 회복하지 못했다. 마리 다구는 마지막까지 강한 자존심과 독립적인 태도를 유지했지만 동시에 깊은 내면적 고독을 품고 있었던 것으로 전해진다.

앙리 르만, 〈마리 다구〉, 1843.

리스트의 음악

<발렌슈타트 호수에서>는 프란츠 리스트의 <순례의 해> 가운데 스위스 편에 속하는 작품으로, 피아노 왼손의 셋잇단음표와 16분음표가 결합한 7음 음형이 곡의 전체에 등장하고 그 위로는 오른손의 주제 선율이 전개된다. 주제 선율은 다양하게 변형하며, 곡의 마지막에서 다다르면 오른손의 16분음표로 구성된 아르페지오(Arpeggio)가 올라가다 점점 작아지며(Mancando) 마무리된다.

부드럽고 서정적인 선율의 <제네바의 종>은 3도 하행의 세 음형으로 이루어진 종소리 모티브로 시작한다. 이 모티브는 곡 전체에 등장하며 다양한 변형을 이룬다. 4마디부터는 오른손에서 시작된 모티브가 왼손으로 이동하여 오른손에서는 주제 1선율이 등장하여 점차 텍스트가 두터워지며, 더욱 넓은 음역으로 확장한다. 마지막에서는 저음 등장했던 모티브가 다시 등장하며 저음역으로 마친다.

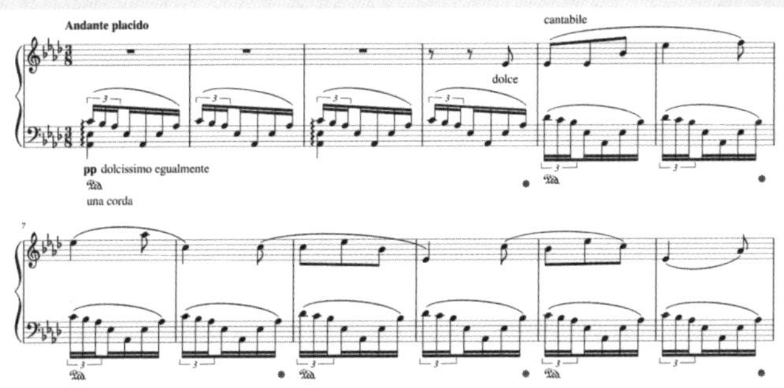

〈발렌슈타트 호수에서〉 악보.

〈제네바의 종〉 악보.

리스트의 박물관

현재 헝가리에 위치한 리스트 페렌츠 기념 박물관(Liszt Ferenc Memorial Museum)은 작곡가 프란츠 리스트가 말년에 실제로 살았던 아파트를 그대로 보존해 만든 곳이다. 이곳에는 리스트가 사용하던 작곡 책상과 피아노, 침대 같은 가구뿐 아니라 악보와 편지, 초상화 등 그의 삶과 음악 활동을 보여주는 다양한 자료들이 전시되어 있다.

특히 리스트가 직접 연주하던 피아노와 제자들에게 수업을 하던 음악실이 당시 모습에 가깝게 복원되어 있어, 방문객들은 그가 살던 공간과 예술가로서의 일상을 가까이에서 느낄 수 있다. 또한 리스트의 제자들과 음악가들이 남긴 기록과 사진들도 함께 전시되어 있어 19세기 유럽 음악계에서 그가 차지했던 영향력을 보여준다.

3장

빗방울
La Goutte d'Eau

빗방울
La Goutte d'Eau

프레데리크 쇼팽과 조르주 상드

Frédéric François Chopin(1810~1849)

George Sand(1804~1876)

P. 시크, 〈쇼팽의 초상화〉, 1873.

프레데리크 프랑수아 쇼팽 Fryderyk Franciszek Chopin

1810~1849. 쇼팽은 섬세한 서정성과 시적인 표현으로 피아노 음악의 새로운 경지를 연 19세기 낭만주의를 대표하는 작곡가다. 특히 조국 폴란드의 정서를 담은 〈녹턴〉과 〈폴로네이즈〉, 〈마주르카〉 등은 피아노 연수곡의 걸작으로 꼽힌다. 이 밖에도 〈발라드〉, 〈에튀드〉, 〈프렐류드〉 등을 통해 피아노만으로 깊은 감정과 풍부한 음악 세계를 펼쳐 보였다.

샤를 루이 그라시아, 〈조르주 상드의 초상화〉, 1835.

조르주 상드 George Sand

1804~1876. 상드는 자유로운 사상과 독립적인 삶으로 19세기 프랑스 문단에서 큰 영향을 끼친 작가다. 남성 필명 '조르주 상드'를 사용하며 활동했고, 사회 문제와 인간의 감정을 섬세하게 그린 소설로 널리 알려졌다. 대표작으로는 『앵디아나』, 『렐리아』 등이 있다.

조르주 상드는 어머니 같은 사랑에는 자신이 있었다. 그녀는 프레데리크 쇼팽을 어린아이처럼 돌보았고 쇼팽은 그녀를 엄마처럼 좋아했다. 상드는 다른 사람을 즐겁게 하려 애쓰지는 않았지만 그들이 즐거울 수 있도록 도울 줄 알았다. 또한 늘 따뜻한 마음으로 살았고, 주변 사람들도 그것에 만족했다. 쇼팽은 자신을 지켜주던 상드의 사랑을 잃어버린 후, 급격히 쇠약해져 오래 버티지 못했다.

사랑하라, 인생에서 좋은 것은 그것뿐이다.

-조르주 상드

1836년 10월 가을, 조르주 상드는 파리의 살롱 모임에 참석할 예정이었다.* 모임은 이전부터 친분이 있었던 프란츠 리스트의 연인이자 파리 사교계의 여신이었던 마리 다구가 스위스로 도피한 뒤 파리에 돌아와 다시 열게 된 살롱이었다.** 모임은 파리 9구의 라피트 거리에 위치한 오텔 드 프랑스(Hôtel de France)에서 하게 될 계획이었다. 이 무렵, 다구와

*   쇼팽과 상드의 첫 만남은 1836년 10월 24일이다.

**   19세기 파리, 당시의 파리에는 귀족들이 살롱(Salon)이라고 불리는 자신 집의 공간 한쪽을 공개하여 귀족들과 예술가들이 모여서 사교를 하는 모임을 즐기곤 했다. 이러한 모임에는 늘 그랜드피아노가 있었고, 그 주위에는 소파나 의자가 있어 피아노 연주를 즐겨 듣곤 했다. 사교계에 모인 사람들은 이야기를 나누며 시간을 보내다가 음악가에게 연주를 청했다. 당시 파리에서는 마리 다구가 사교계를 이끈 중심인물로 유명했다. 다구의 집에는 당대의 모든 문학과 예술계의 한 획을 그은 인물들이 모여서 교제를 나눴다. 그중에는 하이네, 빅토르 위고, 알프레드 드 뮈세, 알프레드 드 비니, 프레데리크 쇼팽, 프란츠 리스트, 엑토르 베를리오즈도 있었다. 쇼팽과 상드의 첫 만남은 바로 이곳에서 시작되었다.

상드는 같은 건물에 거주하고 있었다.

상드를 먼저 알고 있던 사람은 리스트였다. 문학에 조예가 깊었던 리스트는 소설가인 상드를 오래전부터 존경하고 있었고, 상드가 시인 알프레드 드 뮈세와 교제하던 시기에 소개받아 알게 된 사이였다. 음악을 무척 좋아하는 상드와 문학에 관심이 많은 리스트는 이야기가 잘 통했다.

파리 9구의 라피트 거리, 1843.

저는 제 일이 모두 정리되는 대로 두 손을 놓고, 하루 24시간 중 12시간 동안 잠을 자고 하루에 50개비의 담배를 피울 예정입니다. 이것이 행복의 요소이자 계획이지요. 인정해주세요. 나는 음악에는 문외한이지만, 음악은 날 이 세상 것이 아닌 황홀경 속으로 빠져들게 하고 이따금 과장되고 무척이나 우스꽝스러운 미사여구를 생각해내게 합니다. 그러고 나면 나는 경탄할 만한 것을 생각해냈다고 하면서 속이 아주 편안해진답니다.[45]

—상드가 리스트에게, 1836년 5월 15일

마틸드 오디에, 〈조르주 상드와 마리 다구 백작 부인의 초상〉, 1837.

이후 리스트는 다구에게 상드를 소개했고, 상드는 다구가 글을 쓸 수 있도록 격려하며 조언을 아끼지 않았다. 음악과 문학은 이들 사이를 이어주는 공통의 언어라고 할 수 있었다. 상드는 1836년에 치러진 자신의 이혼 소송 이후에도 아이들과 함께 스위스에 있던 리스트와 다구를 찾아가 쉼을 얻을 정도로 이들과 가깝게 지냈다.[*]

쇼팽과 상드의 만남

1836년 10월의 살롱 모임에는 폴란드 출신의 피아니스트, 프레데리크 쇼팽도 참석했다. 리스트는 자신의 음악 동료이자 친구인 쇼팽이 살롱에 참석해주길 오랜 시간 동안 바라고 있었다. 쇼팽이 파리에 막 도착해 아직 자리를 잡지 못하던 시절, 리스트가 그에게 여러모로 도움을 주었고 가까운 사이가 된 것이었다. 사교계에서 이미 활발히 활동하던 리스트는 쇼팽을 소개하는 자리를 자주 마련하곤 했는데, 그 덕분에 내성적이던 쇼팽은 점차 파리 사회 속에서 자신의 존재를 드러낼 수 있었다.

상드는 이미 리스트를 통해 쇼팽의 이름을 여러 차례 들

---

[*] 시간이 지나 상드와 다구는 관계가 멀어지게 된다.

어온 터였다. 이야기로만 듣던 쇼팽의 실제는 매우 수척한 모습이었다. 체격은 호리호리해서 연약해 보였으며, 섬세한 팔과 다리는 마치 부서질 듯했다. 그는 고통스러워 보일 정도로 말라 있었다. 얼굴은 창백했고 약간의 매부리코에 소년과 같은 모습이었다. 첫눈에 보아도 쇼팽의 몸은 세상과 맞서기에는 너무나 연약해 보였으나, 몸짓은 우아했고 걸음걸이는 품위가 있었으며 태도는 귀족적이라 할 만했다.

당시 쇼팽은 피아니스트로서 뛰어난 기교와 세련된 연주로 찬사를 받으며 큰 인기를 얻고 있었다. 그는 이미 마주르카, 왈츠, 협주곡, 즉흥곡, 야상곡, 스물네 개의 연습곡 등의 훌륭한 작품을 발표한 상태였고, 베를린, 빈, 뮌헨, 파리 등에서 연주하며 명성을 얻은 후였다. 또한 쇼팽은 파리에서 가장 인기 있는 음악 레슨 교사이기도 했다. 파리 사교계의 백작 부인과 후작 부인들은 쇼팽이 대단히 까다롭고 엄격한 교사였음에도 불구하고, 서로가 먼

마리아 보진스카, 〈쇼팽〉, 1836.

저 그의 지도를 받기 위해 경쟁할 정도였다. 덕분에 쇼팽은 공개 연주회를 자주 열지 않아도 충분히 여유 있는 생활을 누릴 수 있었다.

그렇지만 며칠 전까지만 해도 쇼팽은 너무나 약해져서 걷지도 못하고 피를 토한다는 소문이 세간에 돌고 있었다. 의사들이 쇼팽의 출혈을 막기 위해 그에게 얼음을 삼키도록 했다는 흉흉한 소문도 돌았다. 살롱에 나타난 그는 어느 정도 회복이 된 듯한 모습이었지만 여전히 몸에는 정적 같은 그림자가 드리워져 있는 듯했다.

상드는 어딘가 연약하고 섬세하며 가엽기만 한 쇼팽의 모습을 보고는 마음 한구석이 묘연해짐을 느꼈다. 그러나 동시에 푸른 회색빛의 눈동자는 빛나고 있었고, 그 눈빛에서는 강한 소유욕이 느껴졌다. 금발 머리카락은 윤기가 흐르고 있었는데, 어딘가 나이나 성별을 가늠하기 어려웠고 슬픔에 잠긴 듯한 분위기도 풍겼다.

쇼팽의 처연한 분위기는 당시 교제하고 있던 연인 때문이기도 했다. 그해 9월 쇼팽은 사랑하는 연인 마리아 보진스카에게 청혼했지만, 쇼팽의 약한 건강을 염려한 그녀의 부모가 결혼을 반대하면서 인연이 이어지지 못하고 있던 참이었다.

폴란드의 귀족 가문의 딸로 친구의 여동생이기도 했던 보진스카는 부모에게 쇼팽과의 약혼 허락까지는 받았지만, 결혼 승낙을 주저하고 있었을 시기였다. 1835년쯤 사귀기 시작했을 무렵에는 좋은 반응을 보였던 보진스카의 부모는 쇼팽의 건강이 나빠지자 염려하기 시작했다. 쇼팽은 당시 편지로 전해지는 식어만 가는 보진스카의 마음을 어느 정도 읽을 수 있었고, 깊은 절망을 느꼈다. 둘의 실제 만남은 2주라는 짧은 기간이었지만, 쇼팽은 서로가 주고받은 편지에 '나의 슬픔'이라고 남길 만큼 진심이었다. 그는 한없이 약해진 마음을 추스르려 노력하는 중이었다.

그렇게 그날 살롱에서 쇼팽은 슬픔에 잠긴 듯한 몽롱한 시선으로 한곳을 응시하고 있었는데, 상드는 멀리서 그의 얼굴을 한참이나 물끄러미 바라보았다. 어딘가 보호해주어야만 할 것 같은 쇼팽의 얼굴은 그렇게 첫 만남에 상드의 마음에 각인되었다.

조르주 상드

상드는 쇼팽보다 여섯 살 많은 연상의 여인으로, 이미 두 아이를 둔 이혼녀였다. 당시 그녀는 문학가로서 쇼팽보

다도 훨씬 유명했다. 1832년 첫 장편소설이었던 『앵디아나
(Indiana)』가 베스트셀러가 되었고, 이어 자전적 애정 소설 『렐
리아(Lélia)』가 잇달아 큰 인기를 얻으면서 상드는 단숨에 프
랑스 문단의 중심인물로 부상했다.[46]

상드는 남성 편력으로 악명이 높은 인물이기도 했다. 그
녀는 자유연애주의자로 이미 수많은 연애 사건과 함께했고,
그녀의 주변에는 늘 소문이 끊이지 않았다. 상드의 연인으로
알려진 인물만 해도 첫 번째 연인이었던 쥘 상드, 작가 프로

루이지 칼라마타, 〈조르주 상드〉, 1837.

스페르 메리메, 알프레드 드 뮈세, 극작가 피에르 장 펠리시앵 맬피유 등 다 셀 수 없을 정도였다.

그러나 상드는 다른 사람들이 그녀에 대해 어떻게 생각하는지는 전혀 신경을 쓰지 않는 자유분방한 영혼을 가진 여성이었다. 거리에 나설 때면 낯선 사람들은 상드를 보고 무례하게 손가락질을 하기도 했지만 전혀 개의치 않았다. 결혼 후 한때는 조신하게 지냈던 시기도 있었지만, 그녀만의 인생을 살기로 결심한 순간부터는 늘 의지대로 살아왔다.

상드의 결혼 생활은 불행했다. 결혼 전의 본명은 아망딘 오로르 뤼실 뒤팽(Amandine Aurore Lucile Dupin)이었다. 귀족 아버지와 평민 어머니 사이에서 파리에서 태어났지만, 어린 시절 아버지를 여의고 노앙의 할머니의 품에서 성장한 그녀는 1822년, 열여덟 살에 지방의 귀족인 카시미르 뒤드방 남작과 결혼했다. 이후 두 명의 자녀를 두었으나 예술적 감수성과 지적 교류를 중시했던 상드에게 남편은 무미건조하고 보수적이었

조르주 상드, 〈오로르 뒤드방의 자화상〉.

다.* 애초에 재산을 노리는 어머니에게서 벗어나려고 급하게 결혼한 것이었기에 남편은 상드의 재산을 마음대로 집행하고 외도를 일삼았으며, 상드를 두고 세상일에 관심이 많다며 사람들 앞에서 비웃으며 존중하지도 않았다. 물론 두 사람의 결혼 생활은 오래가지 못했다.

결국 상드는 1831년 두 아이를 데리고 집을 나와 파리로 거처를 옮겼고, 1832년 첫 소설로 유명해지면서부터는 문인들 사이에서 문필 활동을 했다. 그녀가 쓴 작품은 인기가 대단했다. 그녀는 빅토르 위고나 공쿠르 형제, 이반 투르게네프, 외젠 들라크루아, 폴린 비아르도 등 많은 유명 예술가와 교제하며 예술 사교계에서 활발하게 활동했으며 귀스타브 플로베르, 오노레 드 발자크, 마르크스 등과 편지를 주고받기도 했다.

그녀는 '조르주 상드'라는 남성적인 필명으로 출판했다. 처음에는 쥘 상드와 함께 공동 작품을 쓰면서, 둘의 이름을 합쳐 'J. Sand'라는 익명 필명을 사용

『앵디아나』, 1832.

---

* 상드는 모리스와 솔랑주라는 남매를 두었는데, 솔랑주는 상드의 어린시절 친구와의 외도로 낳은 딸이었다.

했고, 이것을 계기로 이후 단독으로 활동할 때 조르주 상드라는 이름을 사용하게 된 것이었다.

상드는 전통적인 의미의 여성스럽다기보다는 남성적 기질을 지니고 있었다. 물론 당대 파리의 살롱을 빛내던 미인들과 비교할 만한 외모를 가진 것은 아니었다. 상드는 키가 작고 피부는 어두웠으며, 크고 검은 눈을 가지고 있었다. 그렇지만 그녀에게는 외모를 넘어서는 어딘가 모를 강렬한 존재감이 있었다. 무엇보다도 그녀의 매력은 카리스마 넘치는 말투와 깊이 있는 대화, 단호한 성격에서 비롯되었다. 시인이자 외교관이었던 에두아르 그르니에는 상드에 대한 인상을 다음과 같이 기록했다.

오귀스트 샤르팡티에, 〈조르주 상드〉, 1838.

　　　　　　　　　　　　　　　불멸의 연인

그녀는 서른여섯 살이었습니다. 키는 작고 약간 통통한 체형이었으며, 깃이 높은 단정한 검은 드레스를 입고 있었습니다. 그러나 무엇보다도 시선을 사로잡은 것은 그녀의 얼굴, 그리고 그중에서도 '눈'이었습니다. 그 눈은 놀랍도록 인상적이었습니다. 미간이 좁았지만 눈은 컸고, 두꺼운 눈꺼풀에 덮인 검은 눈동자는 전혀 반짝이지 않았습니다. 오히려 닳은 대리석이나 벨벳 같은 질감을 떠올리게 했지요. 그 탓에 그녀의 시선에는 어딘가 묘하게 흐릿하며, 심지어 차가운 느낌이 있었습니다. 이마는 높고, 가운데로 나뉜 검은 머리칼이 양옆으로 내려와 있었습니다. 그 차분한 눈과 가는 눈썹은 그녀의 얼굴 전제에 힘과 고귀함의 인상을 주었습니다. 하지만 얼굴의 아래쪽은 그 품격을 완전히 뒷받침하지 못했습니다. 코는 약간 두툼하고 윤곽이 부드러워, 특히 정면에서 보면 선이 명확하지 않았습니다. 입도 세련되지 않았고, 턱은 작았으나 그 아래 드러난 이중 턱이 얼굴의 아랫부분을 무겁게 보이게 했습니다. 그럼에도 그녀의 말투, 태도, 몸짓에는 지극한 단순함과 자연스러움이 있었습니다.[47]

– 에두아르 그르니에, 『문학적 회상』 중에서

특별히 상드는 남자들이 입는 정장을 입고 다니기로 유명했다. 당시 프랑스는 1800년 이후로 여성들이 남성 복장을 하려면 '복장 전환 허가증'을 신청해야 하던 시기였다. 일부 여성들은 건강상의 이유나 직업적인 이유 혹은 승마와 같은 여가 활동을 위해 허가를 신청했지만, 많은 여성이 허가를 받지 않은 채 바지나 남성복을 입고 거리로 나가곤 했다. 상드는 남성 복장이 귀족 여성들의 전통 드레스보다 훨씬 값이 싸고 내구성이 뛰어나며 실용적이라는 것을 듣고 1831년에 허가증을 정식으로 취득했다. 남성 복장은 단순히 편리할 뿐 아니라 당시 다른 여성들보다 훨씬 자유롭게 파리 시내를 돌아다닐 수 있게 해주었고, 여성의 출입이 제한된 여러 장소에도 쉽게 접근할 수 있게 해주었다. 특별히 어려서부터 활동적이었고 승마에 익숙했던 상드에게는 남성복이 자연스럽고 편안한 옷차림이었다. 그녀는 바지에 당시 남성들이 즐겨 입던 긴 프록코트*와 재킷을 걸치고, 허리 부분을 잘록하게 강조하여 여성성을 드러내기도 했다. 모자도 쓰곤 했는데, 챙이 짧은 남성용을 주로 착용했다.

상드는 공공장소에서 담배를 피워 논란의 중심이 되기도

---

* 무릎 바로 위까지 내려오는 옷자락이 특징인 남성용 정장 코트. 1830~1910년대에 유행했다.

폴 가바르니, 〈학생 차림의 조르주 상드와 연인 쥘 상드, 파리〉, 1838~1839.

했다. 그녀는 담배를 입에 달고 살다시피 했는데, 당시 여성의 흡연은 귀족이든 평민이든 공공연히 허용되지 않은 일이었다. 상드의 이러한 행동에 대해 일부는 비판적인 반응을 보였으나, 그녀의 문학적 재능을 존중하는 사람들은 대체로 그러한 자유로운 태도에 관대했다.

상드는 강하고 독립적인 여성이었다. 그녀는 자신의 작품 속에서도 여성 인물을 사회적 규범과 억압에 맞서 자아를 찾으려는 존재로 그려냈으며, 자유와 성취를 향한 여정 속에서 끊임없이 갈등하고 사유하는 주인공들을 등장시켰다. 남성적인 외모와 사회적 태도 이면에는 사랑을 인간 성장의 중요한 계기로 바라보는 신념이 자리하고 있었고, 그녀의 소설에서 사랑은 단순한 감정이 아니라 인간과 사회를 성찰하게 만드는 핵심 주제로 작동했다. 상드의 작품들은 종종 고독과 불행을 다루지만, 그것을 낭만적으로 미화하기보다는 현실의 고통을 사유와 이상으로 승화시키려는 시도로 읽힌다.[*] 여성 문학인으로서 그녀가 갖춘 남성성은 어쩌면 사회적 갑옷과 같은 것일 수 있었으나 그녀가 남성을 휘어잡는 강한 성격의 여성이었다는 것은 분명한 사실이었다.

---

[*] 『마의 늪(La Mare au Diable)』(1846)과 같은 작품이 그 예시다.

쇼팽과 상드의 만남

상드는 어김없이 검은색 맞춤 양복
과 바지, 흰 장갑, 그리고 광택이 나
는 신발을 신고 흰색 넥타이를 우아
하게 차려입은 모습으로 살롱 모임에
참석했다. 그녀의 손가락 사이에는
시가가 끼워져 있었다. 갈색 머리는
가운데 가르마를 탔고, 어깨까지 자
유롭게 흐르게 내버려둔 모습이었다.

루이지 칼라마타,
〈조르주 상드의 초상화〉, 1837.

쇼팽은 그날 살롱에서 상드를 처음 보았고, 그녀의 옷차
림에 가장 먼저 놀라며 곧이어 기이한 행동에 주목했다. 쇼
팽은 그의 친구 페르디난트 힐러에게 다가가 속삭였다.

"아니 저기, 남자분이 조르주 상드라고? 여자가 아니었
어?" 쇼팽이 말했다.

"맞아, 쇼팽, 그런데 저분 여자분이야. 남자같이 옷을 입
고 다니는 거지. 적어도 상드라는 이름을 들어본 사람이라면
그녀가 얼마나 남자들을 휘어잡고 사는 여자인지를 다 알고
있잖아." 힐러가 말했다.

잠시 후 쇼팽은 조용히 피아노 연주를 시작했다. 쇼팽의

손은 무척 작았지만 가늘고 길게 뻗은 손가락은 피아노의 건반을 넘나들기에 부족하지 않았다. 쇼팽은 빠른 아르페지오를 몇 곡 연주한 후, 다른 곡도 연주했다. 그곳에 모인 사람들은 모두 숨죽이고 쇼팽의 연주를 들었다. 그는 〈녹턴 2번〉과 〈마주르카 4번〉 연주를 이어갔다.

〈프레데리크 쇼팽〉, 1892.

〈녹턴 2번〉 연주 영상.

〈마주르카 4번〉 연주 영상.

불멸의 연인

마지막 곡이 끝나고 잠시 정적이 흘렀다. 곧이어 희미한 박수 소리가 이어졌다. 한쪽 구석에서는 파리를 대표하는 음악평론가가 연주에 대한 평을 맹렬히 기록하고 있었다. 상드는 쇼팽의 연주를 듣고 난 후 그에게 깊은 애정이 샘솟아나는 것을 느꼈다.

쇼팽은 연주를 마친 후에 마치 자신의 임무가 모두 끝났다는 듯이 곧장 외투를 입고선 빠르게 나갈 채비를 했다. 그는 연신 기침을 해대며 힐러와 함께 파리의 아파트로 돌아갔다. 바깥에는 찬 바람이 불고 있었다.

"쇼팽, 상드 부인을 어떻게 생각해?" 집으로 돌아가는 길에 힐러가 물었다.

쇼팽은 생각할 필요도 없다는 듯 곧바로 대답했다.

"남자처럼 거리감이 느껴져."

그렇게 이 둘의 첫 만남은 아무런 의미 없이 끝이 나는 듯했다. 훗날 쇼팽은 상드를 처음 보았을 때의 인상을 가족에게 보내는 편지에서 언급했는데, 그녀가 어딘가 낯설고 쉽게 다가가기 어려운 인물로 느껴졌다고 한다.

그로부터 2주 후에 쇼팽은 자신의 집으로 사람들을 초대하는 자리를 마련했고, 리스트, 다구, 그리고 상드도 참석했

다. 상드는 초대받지 않았지만 리스트와 다구가 상드를 데려
간 것이었다. 상드는 쇼팽에게 자신의 존재를 각인시키고 싶
었다. 그날의 저녁 식사 분위기는 이전까지의 모임과는 완전
히 달랐다. 상드는 리스트와 시가를 피우고 코냑을 마시며
시간을 보냈다. 방에는 시가 연기가 자욱했고 쇼팽은 연신
기침을 해댔다. 이들 사이의 대화는 사뭇 진지했다. 가벼운
이야기는 좀처럼 없었고, 금욕주의, 정치, 사랑, 결혼과 같은
진지한 이야기들이 오고 갔다. 상드는 사람들과 이야기를 나
누면서도 계속 쇼팽을 주시했다. 그리고 생각했다.

'스물여섯 살의 남자가 이토록 매력적이면서도 순진할 수
있단 말인가?'

이후로도 상드는 기회가 있을 때마다 쇼팽에게 호감을 내
비쳤지만, 그는 무관심으로 일관했다. 쇼팽을 향한 그녀의
감정은 모성애와 비슷했다. 그녀는 쇼팽을 처음 본 순간부
터, 그에게 돌보아줄 어머니와 같은 사람이 필요하다는 것을
직감했다. 사실 이미 그녀에게는 몇 번의 경험이 있었다. 그
녀는 쇼팽을 만나기 전, 연인이었던 뮈세를 병간호한 적도
있었다. 자신보다 여섯 살 연하인 뮈세가 가진 연약함과 섬
세함에 끌려 만나게 된 것이었다. 상드는 뮈세를 '나의 아이'

라고 부르기도 했다. 그래서 그녀는 그러한 사랑에는 자신이 있었다. 하지만 쇼팽은 쉽게 마음을 열지 않았고, 그렇게 11월의 모임도 끝이 났다.

1836년 12월 23일, 상드는 쇼팽의 파티에 다시 등장했다. 그녀는 흰색 바지와 빨간 띠가 둘린 블라우스를 입었는데 마치 폴란드의 국기와 같았다. 쇼팽은 그날 밤 〈폴로네이즈〉를 연주했다.

파티가 끝난 후, 상드는 여전히 쇼팽에게 관심을 표했지만 그는 언제나 차갑게만 대할 뿐이었다. 사실 쇼팽은 연인 보진스카를 잊지 못하고 있었다. 나름대로 잊으려 노력했지만 좀처럼 빠져나오지 못했다. 다시 시작될 수 없는 관계였기에 해결해야 할 마음이었지만 그는 언제나처럼 결단하는 일에는 익숙지 못했다. 쇼팽에게는 작곡할 때도 그러한 습관이 있었는데 사랑에서도 예외가 아니었다. 그는 사랑을 잊기에는 더 많은 시간이 필요하다고 생각했다.[*]

....
[*]　쇼팽은 보진스카와 이별하고, 그 이별의 감정을 네 개의 마주르카 작품을 통해 표현한 적이 있었다. 그리고 1838년 7월에 다다르자, 보진스카로부터 마지막 작별 인사가 담긴 편지를 받았다. 편지는 '우리의 일을 잊지는 말아주시길 바랍니다.'라고 전했다. 그렇게 쇼팽의 쓰라린 마음은 어느덧 추슬러질 시기를 맞이하게 되었다. 쇼팽은 보진스카와 그녀의 가족들에게 받았던 편지를 모아 리본 끈으로 매듭을 지었다. 그리고 "나의 슬픔(Moja Bieda)"라고 적고는 꽁꽁 싸매어 다시는 보지 않기로 결심했다.

다시 만난 쇼팽과 상드

시간이 흘러 쇼팽이 보진스카와 거의 헤어진 상태로 마지막 이별의 편지를 받기 몇 달 전, 1838년 5월 8일 저녁이었다. 쇼팽의 팬이었던 아스톨프 쿠스틴 후작이 살롱을 개최했고, 쇼팽과 상드는 그곳에서 다시 마주쳤다. 상드는 쇼팽이 연주하는 모습을 보고, 그녀의 사랑이 계속되고 있음을 확신했다. 이날 상드는 보진스카와의 사랑에 상처받은 쇼팽의 마음을 다독이며 위로의 말을 전했다. 이날의 재회는 두 사람이 급속도로 가까워진 계기가 되면서 쇼팽은 상드에게 마음을 열게 되었다.

상드는 섬세한 쇼팽에게 좀 더 다가가기 위해서는 조력자가 필요하다고 생각했다. 그리고 그녀는 곧 쇼팽의 친구인 알베르 그르지말라 백작에게 조언을 구하는 편지를 썼다. 무려 서른두 장에 달하는 긴 편지였다.

제 말을 들으시고 명쾌하고 단호하며 정확한 답변을 주셨으면 좋겠습니다. 쇼팽이 진심으로 그러는 것인지 의무감인지 모르겠지만, 마리아 보진스카가 쇼팽을 행복하게 해줄 수 있는 사람인가요? 아니라면 쇼팽에게 고통과 슬픔만을 안겨줄

   불멸의 연인

사람인가요? 쇼팽이 그녀를 사랑하고 있는지, 그녀의 사랑
을 받고 있는지 혹은 저보다 더 사랑하거나 덜 사랑하고 있
는지를 묻는 것이 아닙니다. 저의 내부에서 일어나고 있는
변화와 쇼팽의 마음속에 일어나고 있는 변화에 대하여 저도
어느 정도는 알고 있습니다. 저는 쇼팽이 그녀와 저 둘 중에
서 어느 쪽을 선택해야 하는지, 그의 행복과 인생 전체를 위
하여 어느 쪽을 포기해야 하는지 알고 싶은 것입니다. 쇼팽
의 삶은 너무 위태롭고 불안정하여 큰 고통을 견디지 못할
것처럼 보이기 때문입니다.[48]

— 상드가 그르지말라 백작에게, 1838년 6월, 노앙

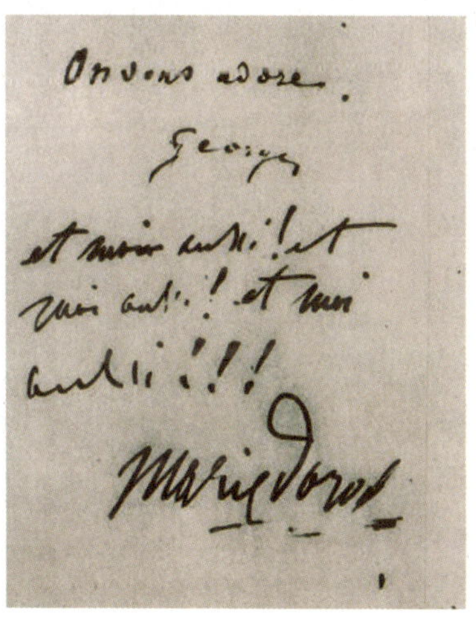

상드가 쇼팽에게 보낸 편지, 1838.

그로부터 얼마 지나지 않아 쇼팽과 보진스카의 관계는 완전히 정리되었다. 그 때문이었을까? 어느 시기부턴가 쇼팽은 상드에게 점점 빠져들고 있었다. 상드도 쇼팽을 만날수록 그의 매력을 더욱 깊이 느끼기 시작했다. 섬세한 쇼팽과 마초적 기질을 지닌 상드는 상반되는 성격을 지니고 있어 서로를 이해하는 데 오랜 시간이 걸렸지만, 둘은 서로의 빈자리를 채우기라도 하듯 어느새 의지하는 관계가 되어 있었다. 쇼팽과 상드가 본격적으로 만나기 시작한 것은 1838년 여름부터였다.

외젠 들라크루아, 〈프레데리크 쇼팽과 조르주 상드의 초상〉, 1838.

둘의 관계는 파리 사교계에서 활동하는 사람이라면 누구나 쉽게 눈치를 챌 수 있을 정도였다. 당시 둘의 모습은 상드의 친구였던 들라크루아가 그림에 담기도 했다. 들라크루아는 1834년부터 「르뷔 데 두 몽드[49]」에 상드의 초상화를 실어 왔는데, 1838년 여름에는 피아노를 치는 쇼팽과 그의 연주를 감상하며 바느질하는 듯한 상드의 모습을 그렸다.[*]

그해 가을, 상드가 들라크루아에게 보낸 편지에는 사랑에 빠진 그녀의 혼란스러운 마음과 황홀감, 그리고 스스로도 통제할 수 없는 감정의 파도가 고스란히 드러나 있었다. 그녀는 이 새로운 사랑이 결코 일시적인 환상도, 사회적 편견 속에서 흔들리는 도피도 아니라고 고백하며, 자신이 마치 전혀 다른 세계로 옮겨 온 듯한 행복과 격정 속에 있음을 전했다.

당신은 나를 너무나도 잘 알고 계십니다. 쇼팽에 대한 나의 절절한 사랑을 확신하기 위해서 내가 얼마나 고통을 감내해야 했을지도, 당신만은 아실 것입니다. 이 사랑이, 어떠한 편견도, 어쩔 수 없이 선택하게 된 운명도, 권태나 고독으로부터 오는 착각도, 일시적 변덕도, 자신과 다른 이들까지 속이

> * 이 작품은 본래 이중 초상화로 그려졌으나, 후대에 두 조각으로 잘려 서로 다른 작품처럼 판매되었다.

는 배신의 행위도 아니라는 것을 당신은 잘 아실 겁니다. 저는 지금 우연히 길을 걷다가 발길이 닿은 나라에 와 있습니다. 이곳은 너무나도 아름답고 매혹적이며 행복해서, 도무지 이곳을 나가고 싶다고 생각할 수가 없습니다. 이곳에서는 내가 로빈슨 크루소처럼 집을 지을 필요도 없고 비를 피할 필요 없이, 별빛이 쏟아지고 꽃이 만발한 나무 그늘에서 쉬고 있습니다. 포근한 바람과 사랑의 기운이 우리에게 불어닥쳐도 우리는 나뭇가지 위에 둥지를 틀 수도 없고, 또 그래서도 안되는 것인가요? 그 둥지가 봄 한 철밖에는 견딜 수 없다고 생각하시는지요? 나의 기억과 논리로는 분명 그러하리라 생각됩니다. 또 한편으로는, 현재 나의 심정과 감흥으로는 그리 쉽게 끝나지만은 않을 것 같습니다. 하지만 아무러면 어떻겠어요? 신이 한 시간 후에 나를 죽음으로 몰아넣어도, 나는 절대 여한이 없습니다. 과거에는 3일 밤낮을 기쁨도 희망도 없이 슬픔으로 지새운 적도 있었지만, 나는 이제 석 달 동안 순수한 열정을 만끽했으니 더는 바랄 것도 없습니다.[50]

— 상드가 들라크루아에게, 1838년 9월 (?)일, 파리

그러나 아이가 둘이나 있는 유명 작가이자 이혼녀와 유명

음악가가 함께한다는 사실은 파리 사람들의 관심에 불을 지 필 수밖에 없었다. 평소 남들의 시선에 좀처럼 신경 쓰지 않 던 상드조차도 과한 수군거림과 눈초리를 받는 것은 여간 불 편한 일이 아니었다. 상드는 이들의 시선을 피하면서도 류머 티즘을 앓고 있는 아들의 건강을 위해 따뜻한 곳으로 가기 로 계획했다.[51] 그런 곳이라면 아들, 딸과 함께 조용히 공부 도 하고 쉬면서 글을 쓸 수 있겠다고 생각했다. 또 사람들을 만나지 않으면 그들에게 시달리지 않아도 되니 좋을 것 같 았다. 이러한 계획을 세우던 와중에 상드는 쇼팽에게 건강을 회복할 겸 파리를 잠시 떠나 생활해볼 것을 제안했다.

쇼팽, 당신에게는 날씨의 변화가 필요한 것 같아요. 폴란드 와 파리의 추위가 당신의 몸에 좋을 리 없잖아요. 나는 당신 을 시골에 있는 집으로 데려가고 싶지만, 당신은 계속 거부 를 하네요. 그렇다면 더 먼 곳에서 해결책을 찾아보도록 합 시다. 프랑스의 남쪽, 아프리카의 따뜻한 공기가 있는 가까 운 곳은 어떤가요. 내 아들 모리스도 류머티즘으로 고생하고 있고, 그 아이가 혹독한 겨울을 피했으면 하기도 합니다. 우 리 모두 가서 휴식을 좀 취하고, 생명을 내뿜는 공기를 들이 마시면서 태양을 느껴보면 어떨까요. 스페인 영사가 내게 마요르카 섬이 얼마나 아름다운지 말해준 적이 있어요. 나와 함께 하고 싶다면, 몇 달 후에 모험을 떠나는 건 어때요? 물론 피아노도 가져갈게요.

- 상드가 쇼팽에게, 1838년 9~10월

상드는 아픈 아들과 무척이나 활발한 딸, 그리고 쇼팽까지 돌보아야만 한다는 부담감도 느꼈지만 이들이 따뜻하고 평화로운 곳에서 머물게 된다면 건강이 더 나아지고 좋은 시간을 보낼 수 있을 것이라 기대했다. 그렇게 1838년 10월, 쇼팽과 상드는 파리 사교계의 지나친 관심을 피하면서도 휴식과 요양의 시간을 보내고자 스페인으로 훌쩍 떠났다.

이들은 출발할 때조차 남들의 눈을 피해 따로 움직여야 했다. 상드와 두 아이가 먼저 떠났고, 쇼팽은 뒤이어 프랑스 남부 페르피냥에서 이들과 합류했다. 파리에서 페르피냥까지는 마차로 꼬박 나흘이나 걸렸다. 당시 쇼팽은 이곳에서 상드의 두 아이를 처음 만나게 되기도 했다. 이들은 바르셀로나까지, 그리고 그곳에서 팔마까지 항해했다. 당시 스페인 본토에서 내전을 벌이고 있어 배를 타고 가야 했기 때문이었

불멸의 연인

다. 가는 동안 날씨는 무척 좋았고 바다도 잔잔했다. 시간이 지날수록 더워지기도 했는데, 배의 갑판 위에서는 아름다운 섬의 절벽과 알로에와 야자수로 그늘진 이국적인 섬 풍경을 만끽할 수 있었다. 키를 잡은 항해사는 파도 소리를 반주 삼아 스페인풍의 뱃노래를 불렀고, 상드와 쇼팽은 어깨를 기대어 선창에 앉아 사공의 노래를 듣기도 했다.

며칠을 이동하여 마요르카의 팔마에 도착했을 때는 머물 만한 여관을 찾지 못해, 어쩔 수 없이 열악한 환경의 작은 별장을 빌려 지내야 했다. 엄격한 가톨릭 교리를 따르고 있던 마요르카 사람들이 혼인 관계가 아니었던 이들을 좀처럼 재워주려 하지 않았기 때문이었다. 그러나 쇼팽의 건강을 고려한 프랑스 영사의 배려로, 얼마 지나지 않아 팔마 근교의 다른 별장으로 옮겨 지낼 수 있었다.

곧 마요르카에는 우기가 찾아왔고, 엄청난 폭우가 쏟아지기 시작했다. 그리고 갑자기 쇼팽은 폐질환적인 증상을 심하게 보이기 시작했다. 난방 시설이 전혀 되어 있지 않은 별장에서 쇼팽은 거센 기침을 하기 시작했다. 초반에는 의사를 쉽게 만날 수가 없어 진료와 처방을 받을 길이 없었다. 쇼팽의 건강은 더욱 악화했고, 어렵게 만난 의사들은 그가 결핵에 걸렸을 것이라고 진단하면서 곧 죽을 것이라고도 했다. 당시 스페인에서 결핵은 전염성이 있는 심각한 병으로 여겨졌는데, 쇼팽의 병세에 대한 소문이 빠르게 퍼지자 그 집에서도 더 이상 머물 수 없게 되었다. 스페인에서 폐병 환자는 곧 페스트, 나병, 옴에 걸린 사람과도 같았기에 사람들은 상드 가족에게 매우 매정하게 굴었다.

결국 이들은 이곳에 조금 머물다가 이후 12월 15일 마요르카의 작은 마을인 발데모사로 떠났다. 발데모사에 처음 도착했을 때도 아름다운 섬의 광경에 잠시 행복함을 느낄 수 있었다. 발데모사는 골짜기와 바다가 보이는 풍경이 있는 무척이나 아름다운 곳이었다. 종려나무, 도금양, 알로에, 레몬나무, 선인장을 마음껏 볼 수 있었다. 상드는 이곳에서 오래 비어 있던 폐허가 된 샤르트뢰즈 수도원의 빈방을 발견했고, 그곳을 빌려 거처를 마련했다. 그곳에서 상드는 오전에는 아이들을 교육했고, 오후에는 글을 썼다. 아이들은 그동안 수도원 곳곳을 뛰놀다가 밤에는 조용히 책을 읽곤 했다.

그러나 수도원 건물은 난방이 거의 되지 않아 매우 추웠고 작곡을 위한 환경은 불편하고 열악했다. 쇼팽은 당시의 상황을 친구 율리안 폰타나에게 편지로 전달하기도 했다.

마요르카 발데모사의 샤르트뢰즈 수도원, 1838.

절벽과 바다 사이, 한적하게 버려진 거대한 샤르트뢰즈 수도원에서, 파리의 어느 마차의 대문보다도 더 큰 문이 달린 방 안에, 헝클어진 머리로 흰 장갑도 없이, 늘 그렇듯 창백한 얼굴로 앉아 있는 나를 상상해보게. 그 방은 마치 커다란 관처럼 길고 좁게 생겼고, 천장엔 거대한 아치가 먼지로 뒤덮여 있으며, 창문은 아주 작다네. 창문 앞에는 오렌지 나무와 야자수, 사이프러스 나무가 보이고, 창문 맞은편에는 무어식 장식이 새겨진 장미창 아래 내 야전침대가 놓여 있지. 침대 옆에는 오래되고 네모나도 지저분한 상자가 하나 있는데, 거의 글을 쓸 수 없을 정도로 불편해. 그 위에는 납 촛대(여기서는 아주 큰 사치품이지)와 작은 촛불이 하나 있을 뿐이야. 바흐, 내 악보 위 낙서들, 누군가의 낡은 종이 몇 장 그리고 침묵, 소리를 질러도 여전히 침묵. 요약하자면, 나는 지금 참 기묘한 곳에서 자네에게 편지를 쓰고 있네.

— 쇼팽이 친구 폰타나에게, 1838년 12월 28일

수도원 주변의 현지인들은 상드 가족에게 매우 불친절했다. 그들은 물건을 훔쳐 가기도 했고, 두 사람이 결혼하지 않은 채 함께 머문다는 사실에 큰 적대감을 드러내기도 했다. 심지어 두 사람은 미사에 나가지 않고 금요일에 기름진 음식을 먹었다는 이유로 돌을 맞거나 이교도라고 불렸다. 상드는 차가운 시선과 편견에 감정적으로 맞서야 했던 그 시절을 훗날 다음과 같이 기록했다.[52]

발데모사 샤르트뢰즈 수도원의 입구와 복도, 1909.

일요일 오전, 미사 참석을 하라는 고함을 내지르는 소리가 마을에 울려 퍼졌습니다. 그들의 언어를 이해하지는 못했지만, 우리는 미사에 참석하지 않을 것이라서 대꾸하지 않았지요. 그들은 비기독교적인 방식으로 우리를 괴롭혔습니다. 우리에게 음식을 팔지도 않았고, 나의 아이들에게 돌을 던지기까지 했습니다. 우리는 마요르카를 '원숭이의 섬'이라고 불렀습니다. 왜냐하면 그 교활하고 약탈적이면서도 순진한 짐승들에 둘러싸여 있으면서, 우리는 인디언들이 장난스럽고 도망가기 일쑤인 원숭이나 오랑우탄을 대하듯 그들에게 더 이상 원망이나 화를 내지 않고 경계하는 데 익숙해졌기 때문입니다.[53]

– 조르주 상드, 『마요르카의 겨울』 중에서

한편, 쇼팽은 이러한 상황 속에서도 작곡의 열정을 불태웠다. 쇼팽이 마요르카 여행을 결심하자 카미유 플레옐은 파리에서 피아노를 섬으로 보내준다고 했는데, 1838년 11월이 되어도 악기가 도착하지 않아 작곡을 잠시 멈출 수밖에 없었다. 1839년 1월 9일 관세 문제로 계획보다 늦게 도착한 피아노와 함께 그는 작업을 재개할 수 있었다.

플레옐이 파리에서 쇼팽에게 보낸 피아노.

쇼팽은 출판 관계자들과 편지를 주고받으며 초고의 가격을 협상했다. 그렇지만 그의 몸은 시간이 갈수록 더욱 쇠약해졌고, 정신적으로도 고갈되어 매일 두려움에 떨어야만 하는 지경에 이르렀다. 그는 끔찍하게 아팠고 완전히 정신을 놓아버린 듯했다. 환각으로 극도의 불안증세를 보였으며, 끝내는 유령을 보기까지 했다. 그에게 수도원은 유령이 가득한 곳이었다. 상드가 아이들과 저녁 산책을 마치고 돌아올 때면 쇼팽은 초점을 잃은 듯한 눈과 흐트러진 머리를 하고 영감을 기다리듯 피아노 앞에 앉아 있었다. 상드는 그녀의 신작 『스피리디옹(Spiridion)』 원고의 집필을 막 마감한 상황에서 그때

불멸의 연인

의 기억을 다음과 같이 기록했다.

나는 그의 방 옆에서 며칠 밤을 새웠습니다. 그가 잠을
자면서, 혹은 잠이 깨어서도 보는 그 유령들을 쫓기 위
해서입니다. 나는 글을 쓰다가도 100번도 더 일어나야만
했습니다.[54]

- 조르주 상드, 『내 생애 이야기』 중에서

쇼팽은 떠오르는 영감에 대한 집착을 저버릴 마음이 전
혀 없는 듯했습니다. 내가 밤 10시쯤 일어나보면, 그는
창백한 얼굴과 몽롱해진 눈, 헝클어진 머리를 한 채 피
아노 의자에 앉아 있곤 했지요.[55]

- 조르주 상드, 『마요르카의 겨울』 중에서

무엇이 쇼팽에게 유령까지 보게 만든 것일까? 깊은 우울
감은 그저 병마 때문이었을까? 놀랍게도 이 혼란의 상태에
서 쇼팽은 스물네 개의 전주곡 대부분을 완성해냈다.[56] 그는
작곡을 막 마친 전주곡을 상드에게 들려주곤 했다. 상드는
그 모든 작품이 걸작이라고 생각했다. 그중 4번은 질식할 것

만 같은 쇼팽의 당시의 상황을 대변하는 듯했다.

> 그 곡들은 모두 걸작이었습니다. 그중 몇몇 곡은 죽은
> 수도사들의 환영과 죽음의 노래에 대한 생각들을 담아
> 내고 있었습니다. 다른 곡들은 무척 슬프고도 감미로웠
> 지요. 그런 곡들은 햇살이 좋고 건강이 괜찮았을 때와
> 창문 아래에 아이들의 웃음과 저 멀리서 들려오는 기타
> 소리를 들었을 때, 그리고 젖은 나뭇잎 아래 새의 노랫
> 소리를 듣거나 눈 위에서 시들어버린 창백한 작은 장미
> 를 보면서 만들어낸 작품들이었습니다.[57]
>
> — 조르주 상드, 『내 생애 이야기』 중에서

쇼팽의 두려움과 걱정은 상상을 넘어서 고통이 담긴 실제 시간이 되어 침울하고 슬픈 곡들을 만들어내기도 했다. 쇼팽의 〈전주곡 15번 '빗방울(La Goutte d'Eau)'〉은 1836년 파리에 있을 때부터 작곡에 착수하여 일부를 작업하고 이후 마요르카에서 지내던 어느 밤에 완성한 것이었다.

〈전주곡 4번 '질식'〉 연주 영상.

이 전주곡은 1839년 1월경 비가 내리던 저녁에 일어난 일화를 담아낸 듯했다. 그날은 추웠고 비가 억수같이 쏟아지던 날이었다. 상드와 아이들은 자신들에게 생필품과 음식을 팔지 않는 매정한 동네 사람들 때문에 아주 멀리 떨어진 팔마의 상점까지 음식을 구하러 나가야만 했다. 그러던 중 폭우 때문에 개천이 범람해버렸고, 상드와 아이들은 먼 거리를 걸어서 와야 해서 밤이 늦도록 수도원에 돌아오지 못하고 있었다. 쇼팽은 상드와 아이들이 돌아오지 못하는 것은 아닐까 걱정이 되기 시작했다. 실제로 상드와 아이들은 여섯 시간 동안 12킬로미터를 걸어서 와야만 했고, 신발이 모두 벗겨져버린 상태로 늦은 밤이 되어서야 돌아올 수밖에 없었다. 너무나 위험한 상황이라 빌린 마차꾼도 도망을 가버렸던 것이다.[58] 상드는 수도원에서 홀로 있을 쇼팽이 걱정이 되어 서둘렀지만 어쩔 수가 없었다. 그동안 쇼팽은 수도원에서 빗방울을 보면서 마치 실성한 듯 피아노를 연주하고 있었다. 상드는 훗날 그날 밤을 다음과 같이 묘사했다.

쇼팽의 다른 곡들은 음울한 슬픔으로 차 있어 듣는 사람들의 귀를 매료시키며 마음을 슬프게 합니다. 무서운 절

망이 영혼 속으로 파고드는 비가 내리는 음산한 어느 날
밤 만들어진 전주곡이 있습니다. 우리는 쇼팽을 폐허가
된 수도원의 독방에 남겨두고 필요한 물건을 사러 팔마
에 갔습니다. 비가 계속 내려 길이 급류가 되어 넘쳐흘
러버렸죠. 우리는 12킬로미터를 여섯 시간이나 걸려 돌
아갔습니다. 한밤중에야 도착할 수 있었는데, 말할 수도
없이 위험하고 힘들었습니다. 구두도 잃어버렸고 마차
도 버려두었고, 쇼팽 걱정 때문에 서둘렀지요. 비는 세
차게 내렸으며 고요한 절망에 빠져 있었습니다. 쇼팽은
흐느껴 울면서 그의 놀라운 전주곡을 연주하고 있었습
니다. 그러고는 우리가 들어오는 것을 보자 벌떡 일어나
서 정신이 나간 어조로 말했습니다.
"아! 나도 잘 알고 있어요. 당신들이 죽었다는 것을!"[59]

- 조르주 상드, 『내 생애 이야기』 중에서

쇼팽은 생각했다.

'이들에게 무슨 일이 일어난 것이 분명해. 방금 꿈을 꾸
었는데, 그 꿈처럼 말이야. 이들이 모두 죽어버린 건 아

 불멸의 연인

닐까? 도대체 왜 돌아오지 않는 걸까? 이곳에 나만 홀로

남겨진다면 어떡하지.'[60]

– 조르주 상드, 『내 생애 이야기』 중에서

쇼팽은 상드와 아이들을 기다리는 동안 피아노 앞에서 자신이 호수에 빠져, 무겁고 차가운 물방울들이 그의 가슴에 떨어지는 악몽을 꾼 것이었다. 그 후 정적만이 흐르는 방 안에서 돌아오지 않는 상드와 아이들이 죽었으리라고 생각했던 쇼팽은 피아노 앞에 홀로 앉아 빗방울과 같은 소리만을 반복해서 연주하고 있었다. 다행히 자정이 넘어서 상드와 아이들은 수도원에 도착했고, 이들이 도착하자 쇼팽은 마치 호수에 익사한 사람처럼 창백한 얼굴로 이들을 맞이했다.

쇼팽은 정신을 차리고 살아 있는 상드와 아이들이 위험했던 순간에 대해 들으며 마음 아파했다. 그는 그 자신도 죽었다고 착각했다고, 자신마저도 호수 속으로 빠져 죽은 모습을 보았노라고 말했다. 무거운 물방울이 가슴 위로 떨어졌던 것은 사실 지붕 위에서 떨어지던 빗소리였다. 상드가 그 소리를 흉내 내자 쇼팽은 화를 내기도 했다.

그렇게 쇼팽에게 악몽과도 같았던 이 시간은 전주곡으로

남았다.* 상드는 쇼팽의 공포가 때론 이해가 가지 않을 때도 있었지만 그만의 감수성이 걸작을 만들어낸다는 것을 잘 알고 있었다.

> 쇼팽의 천재성은 이 세상에 존재하는 그 어느 것보다도 더욱 깊은 감수성으로 가득 차 있다는 것이었습니다. 그는 단 하나의 악기만으로도 무한의 언어를 표현할 수 있었습니다. 때로 그는 아이들도 연주할 수 있는 단 열 줄짜리의 악보 안에 무한한 승천의 시와 그 어떤 것과도 비교할 수 없는 역동적인 드라마를 만들어낼 수 있었습니다.[61]

> – 조르주 상드, 『내 생애 이야기』 중에서

비록 마요르카에 대한 기억은 최악이었지만, 쇼팽의 음악 작품에 있어서는 중요한 무척 시기였다. 그는 절망과 죽음의 두려움 앞에서 상드의 헌신적인 보살핌과 사랑으로 주옥같은 작품들을 완성할 수 있었다. 마요르카에서 머무르면서

---

* '빗방울'이라는 부제는 쇼팽이 직접 붙인 것이 아니라, 반복되는 음형이 빗방울을 연상시킨다는 후대의 해석에서 비롯된 것이다. 상드의 회고에 등장하는 전주곡이 정확히 어떤 곡인지는 명확하지 않으며, 일반적으로는 15번으로 간주되지만 일부에서는 비슷한 시기에 작곡한 6번이라는 가능성도 제기된다.

〈전주곡 15번 ‘빗방울’〉 악보, 1838~1839.

〈전주곡 15번 ‘빗방울’〉 연주 영상.

〈전주곡 6번〉 연주 영상.

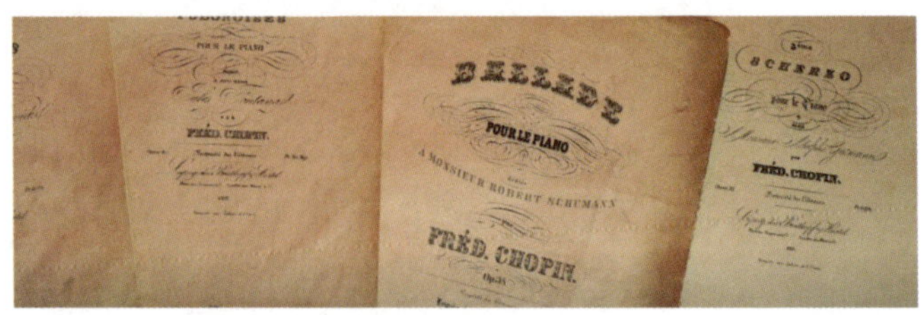

쇼팽의 작품들.

전주곡뿐만 아니라 마주르카, 발라드, 스케르초, 폴로네이즈 등을 남겼다.

1839년 2월 11일, 드디어 악몽과도 같던 발데모사를 떠나는 날이 다가왔다. 쇼팽과 상드, 그리고 두 아이들은 이곳을 떠나려 팔마항으로 갔다. 이들에게 발데모사에서의 기억은 고통 그 자체였으므로 한 치의 아쉬움도 남지 않았다. 이들은 먼저 증기선 엘 마요르킨 호를 타고 바르셀로나로 돌아왔다.* 돌아오는 동안 바다는 무섭도록 거칠었고, 사람들은 멀미로 고통받았다. 이들이 탄 배의 화물칸에서는 돼지 100마리가 비명을 질러댔다. 고약한 냄새가 났고 사나운 돼지 울음소리는 사람을 더욱 지치게 했다. 쇼팽은 그 배에서 각혈하며 많은 피를 토해야만 했다. 그렇게 여행은 쇼팽에게는

----

* 이들은 2월 24일이 되어서야 프랑스 마르세유에 도착할 수 있었고, 몇 개월 동안 머물렀다. 마르세유에서도 쇼팽은 출판업자들과 자신의 폴로네이즈와 발라드 신작에 대해 협상하기에 매우 분주했다. 그러나 곧 쇼팽은 마르세유도 지루해했고, 다시 이탈리아 북부를 포함한 여행길에 떠났다. 이후 이들은 제노바 등을 여행했다.

불멸의 연인

엘 마요르킨 호.

시련이자 상드에겐 고통으로 남았다.

상드는 만약 쇼팽이 마요르카에 그대로 있었다면 우울증으로 죽어버렸을 것이라고 했다. 그 고생 속에서도 쇼팽에 대한 상드의 마음은 여전했다.

아, 사랑하는 나의 친구여! 당신이 나만큼 쇼팽을 알게 된다면 아마 그를 더욱 좋아하게 될 것입니다. 쇼팽은 천사같이 다정하고 선량하며 인내심이 강한 사람입니다. 나는 그를 마치 어린아이처럼 돌보고, 그는 나를 엄마처럼 좋아한답니다.

－샤를로트 마를리아니에게, 1839년 2월 15일, 바르셀로나

1839년 6월 1일, 이들은 상드가 어린 시절을 보낸 곳인 프

랑스의 노앙에 도착했다. 상드는 다시 노앙을 찾았을 때 마치 오랫동안 떠나왔던 에덴동산을 다시 찾은 듯한 느낌이었다. 쇼팽도 자신의 고향 풍경과 비슷한 이곳에서 안정감을 느꼈다. 이즈음 상드는 전남편과의 법적 관계를 완전히 정리하고 진정한 자유의 몸이 될 수 있었다. 이들은 소박한 자연과 가족, 지인들과 이곳에서 평온한 행복을 누리고자 했다.

노앙의 집은 이미 많은 예술가가 드나들던 곳이었다. 상드는 여름마다 유명 작가와 예술가와 함께 이곳에서 시간을 보냈다. 상드의 초상화를 그려주었던 오귀스트 샤르팡티에도, 발자크도 이 집에서 영감을 얻어가거나 상드와 작품에 대한 긴 대화를 나누곤 했다. 6월의 노앙에는 이미 리스트와 다구가 머무르고 있었다. 이들은 함께 식사하거나 잡담이나 진지한 이야기를 나누며 서로 교제했다.

쇼팽은 어김없이 새로운 곡을 구상하기에 분주했다.[*] 상드는 쇼팽이 모르게 플레옐 피아노를 주문했고, 쇼팽은 피아노를 선물 받고 큰 기쁨을 느낀 나머지 하루 종일 연주하기도 했다. 상드는 쇼팽을 관찰하며 글을 썼다. 상드는 행복할

----

[*] 마요르카를 떠나 노앙에서부터 쓰기 시작한 곡은 〈피아노 소나타 1번〉, 〈즉흥곡 2번〉부터 〈마주르카〉, 〈장송행진곡〉 등이었다. 그리고 1840년에는 〈피아노 소나타 2번〉, 〈즉흥곡 2번〉, 〈발라드 2번〉, 〈스케르초 3번〉과 세 개의 새로운 〈에튀드〉가 발표되었다.

  불멸의 연인

노앙의 집.

때나 고통스러울 때나 친구들을 초대하길 좋아했다. 반면 쇼
팽은 사람들이 많은 소란스러운 분위기보다는 피아노와 함
께, 혹은 상드와 함께 있는 조용한 시간을 좋아했다. 둘은 테
라스에 앉아 긴 이야기를 나누고 정원이나 숲속에서 산책하
길 즐겼다. 이후 쇼팽은 집으로 돌아와 방 안에서 꼼짝도 하
지 않고 하루 종일 창작의 고통 속에서 빠져들곤 했다. 그는
음악 한 소절을 수도 없이 수정하고는 반복해서 연주했다.

7월 초쯤, 쇼팽의 병세는 많이 호전된 상태였다. 쇼팽은
두 아이가 저녁 식사를 한 후면 어린아이처럼 일찍 잠이 들
었고, 상드는 이들이 잠에 들면 커피를 마시고 담배를 피우

면서 아이들을 교육할 것을 준비하거나 글을 쓰기 시작했다. 그녀는 재정적으로 어려움과 같은 걱정과 근심이 쌓여 있을 때면 정원에 나가 풀을 뽑고 화단을 가꾸거나 꽃을 꺾어 각 방에 놓아두기도 하며 시간을 보냈다.

노앙에서 쇼팽은 또 다른 걸작인 〈장송 행진곡〉을 포함한 〈피아노 소나타 2번〉을 완성하기도 했다.

1839년 10월 10일, 쇼팽과 상드 가족은 노앙에서 다시 파리로 돌아오는 마차를 탔다. 파리 사교계의 시선이 부담스러웠는지, 둘은 다른 곳에 머물렀다. 쇼팽은 프롱셰가 5번지에, 상드는 피갈가 16번지에 머물렀다. 이 시기부터 쇼팽은 학생들에게 피아노를 가르치는 일에 열중했다. 1841년에는 리스트가 연주회를 열어 인기를 누렸다. 그러자 상드는 그 즉시 쇼팽의 연주회 준비를 하기 시작했다. 쇼팽은 독주회를 열기로 결심하고 1841년 4월 26일 연주회를 위해 준비했다. 연주회는 팬들과 상드의 요구에 의한 것이었으나 쇼팽은 많은 사람 앞에서 연주하는 것을 두려워했다.[*]

쇼팽과 상드는 이후로도 파리와 노앙을 오가며 9년간 함

〈피아노 소나타 2번 '장송 행진곡'〉 연주 영상.

---

[*] 1842년에는 쇼팽이 〈폴로네이즈 6번 '영웅'〉을 작곡했다.

 불멸의 연인

께했고, 그 과정에서 각자 많
은 작품을 남겼다. 그러나 마
지막 시기에 상드는 쇼팽과의
관계에 상당히 지쳐 있었다.
상드는 늘 새 작품을 구상하는
데 열중했는데, 자기 작품이
마음에 들지 않는다고 투정하
는 쇼팽을 옆에서 받아주어야
만 했다.** 상드는 쇼팽을 돌보

조르주 상드, 〈프레데리크 쇼팽의 초상화〉, 1841.

아주어야 할 예술가로 여길 수밖에 없었다.

그러던 중 이 둘의 관계가 더욱 갈등으로 뒤얽혀버린 결
정적인 사건이 벌어졌다. 상드의 딸 솔랑주가 결혼하면서 상
드와의 재산 분쟁이 일어났는데, 이때 쇼팽이 솔랑주의 편을
든 것이 화근이었다. 상드는 이미 쇼팽에게 퍼주기만 하는
관계에 지쳐 있었고, 그와 딸 모두에게 깊은 배신감과 상실
감을 느꼈다. 그래서 끝내 쇼팽과의 인연을 끊을 것을 결심
했다. 상드는 다음과 같은 말을 남기곤 쇼팽을 잊기로 했다.

....
**　〈스케르초 4번〉과 같은 대작을 만들 때면 어김없이 투정을 부리곤 했다.

안녕, 나의 친구. 지난 9년의 세월 동안 우리의 우정이 이렇
게나 기괴하게 마감한다는 사실에 당신에게 감사하네요.
가끔 안부나 전해주길 바랄게요.

- 상드, 1847년 7월 28일

쇼팽은 이 편지에 분명 큰 상심을 했지만 사랑에마저도
우유부단함을 못 버린 듯했다.

모든 일은 시간이 해결해줄 겁니다.
나는 기다리고 있을게요. 언제나처럼 말이죠.

- 쇼팽

자신을 늘 지켜주던 사랑을 잃은 여파가 컸던 것일까? 상
드와 이별한 후 쇼팽은 건강 상태가 급격히 악화했다. 주변
친구들은 이를 염려했던 탓인지 그에게 연주회를 열어주기
도 했지만 소용이 없었다. 1848년 2월 16일 쇼팽을 위한 연
주회가 열렸고 성황리에 마쳤지만 그 무대는 쇼팽의 마지막
연주가 되었다.

상드와 쇼팽은 1848년 3월에 마지막으로 만났다. 상드는

불멸의 연인

이별 후에도 건강이 좋지 못한 그에게 언제나 마음이 갔는데, 쇼팽은 다음 해인 1849년, 서른아홉 살의 너무나도 이른 나이에 결핵으로 사망했다. 상드는 쇼팽을 위해 눈물로 기도했다고 한다.

상드는 쇼팽에 대해 다음과 같이 기록했다.

> 쇼팽은 오래 살 수 없는 존재였습니다. 그러나 그는 인간의 본성과 타협하지 않았으며, 현실을 받아들이지 않았습니다. 그것이 그의 결점이자 미덕, 비참함이자 위대함이었습니다.[62]
>
> 조르주 상드, 『내 생애 이야기』 중에서

말년의 상드는 소설, 희곡, 자서전 등을 꾸준히 집필했고, 특히 자전적 회고록『내 생애 이야기(Histoire de ma vie)』를 통해 자신의 삶을 정리했다. 노년의 글에서는 과거의 격정 대신 화해와 관용, 인간에 대한 이해가 더 짙게 드러난다.

조르주 상드는 1876년 6월 8일 노앙에서 평온하게 세상을 떠났다. 파리에서가 아니라 자신이 가장 사랑하던 시골 집에서 눈을 감았다는 점이 상징적으로 여겨진다. 그녀는 화려한

연애담의 주인공으로도, 남성 필명을 쓴 반항적인 여성 작가
로도 기억되지만, 말년에는 무엇보다도 끊임없이 쓰는 사람
으로 남았다.

테오필 크비아트코프스키, 〈임종 침상 위의 프레데리크 쇼팽〉, 1849.

쇼팽의 음악

쇼팽의 전주곡 Op.28은 총 스물네 곡으로 구성되었으며 장단조의 모든 조성으로 작곡되었다. 이는 쇼팽이 존경했던 <바흐의 평균율(J.S. Bach, The Well-Tempered Clavier Books 1&2)>에서 영감을 받은 것으로, 열두 개의 장조와 단조로 스물네 개의 조성을 사용했다. 이 곡들은 간결하면서도 분위기가 깊어 연습곡보다는 덜 난해하지만, 여전히 섬세한 연주적 난제를 제시한다. 전주곡집은 쇼팽이 독창적인 음형을 창조하는 데 얼마나 탁월한 감각을 지녔는지를 잘 드러낸다.

그중 <전주곡 15번>은 19세기 독일의 지휘자이자 피아니스트였고, 프란츠 리스트의 제자이기도 했던 한스 폰 뷜로가 '빗방울'이란 제목을 붙인 것이다. 곡 전반에 걸쳐 왼손은 규칙적으로 하나의 Ab음을 연주하며, 이 소리는 마치 빗방울이 떨어지는 소리와 닮아 있다. 중간에는 C#단조로 바뀌어 한층 더욱 격정적인 분위기를 조성한다. 이 빗방울 소리 위에서는 오른손의 선율이 구슬픈 노래를 부르는듯하다.

쇼팽의 생가

쇼팽이 일곱 살에 바르샤바로 이사하기 전까지 어린 시절을 보낸 생가는 폴란드 젤라조바볼라에 있다. 이곳은 쇼팽이 1810년에 태어난 곳이었으나 제2차 세계대전 중에 파괴되었다가 복구되었다. 지금은 박물관으로 개조되어 쇼팽의 사진과 악보, 악기, 가구, 자화상 등을 전시하고 있다. 여름철에는 쇼팽을 기념하는 피아노 콘서트가 열리며 입구에는 1969년에 세워진 쇼팽의 동상이 있다.

이곳은 폴란드 음악 문화의 상징적인 장소로 여겨지며, 생가 주변에는 작은 공원과 야외 공연장이 있으며, 정기적으로 열리는 연주회를 통해 그의 작품을 가까이에서 경험할 수 있디. 또한 쇼팽의 어린 시절 환경과 당시 농가의 생활상을 엿볼 수 있는 공간으로도 의미를 지닌다.

불멸의 연인

쇼팽 박물관

쇼팽 박물관(Muzeum Fryderyka Chopina)은 폴란드 바르샤바에 위치해 있다. 이 박물관은 17세기 후반에 지어진 오스트로크스키 궁전에 자리하고 있으며, 1954년에 개관해 쇼팽에게 헌정되었다. 이후 2005년부터 프레데리크 쇼팽 연구소가 운영을 맡아 쇼팽의 음악과 생애를 연구하고 관련 자료를 체계적으로 보존하고 있다.

박물관의 전시실에는 쇼팽의 삶과 예술 세계를 보여주는 다양한 유산이 전시되어 있다. 그의 자필 악보와 편지, 초상화, 연주와 관련된 기록, 개인 소지품 등이 보존되어 있으며, 19세기 유럽 음악 문화 속에서 쇼팽이 남긴 예술적 업적을 조명하는 자료들도 함께 소개된다. 또한 멀티미디어 전시와 청취 공간을 통해 방문객들이 쇼팽의 작품을 직접 감상할 수 있도록 구성되어 있어, 오늘날 세계 각지의 음악 애호가와 연구자들이 찾는 중요한 문화 공간으로 자리하고 있다.

4장

봉주르 비키, 봉주르!
Bonjour Biqui, Bonjour!

에릭 사티와 수잔 발라동

Erik Satie(1866~1925)

Suzanne Valadon(1865~1938)

에릭 사티, 1909.

에릭 사티 Erik Satie

1866~1925. 사티는 단순하고 반복적인 선율과 독특한 제목으로 기존 음악의 관습을 벗어난 프랑스 작곡가다. 간결하면서도 몽환적인 분위기의 피아노곡 <짐노페디>와 <그로시엔느>로 널리 알려져 있다. 또한 발레 음악 <퍼레이드>와 같은 실험적인 작품을 통해 이후 현대 음악과 미니멀리즘의 발전에 영향을 주었다.

수잔 발라동, 〈초상화〉, 1898.

수잔 발라동 Suzanne Valadon

1865~1938. 발라동은 강렬한 색채와 단단한 윤곽선으로 인간의 몸과 일상을 생생하게 그려낸 프랑스 화가다. 젊은 시절 화가들의 모델로 활동하며 미술을 배웠고, 이후 독학으로 미술을 공부하며 화가의 길을 걸었다. 누드화와 인물화를 중심으로 독자적인 화풍을 구축하였고, 몽마르트르 예술가들과 교류하며 작품 활동을 이어갔다.

보답받지 못하는 사랑에 빠지는 사람들이 있다. 이들은 자신의 사랑이 끝내 닿지 못하리라는 사실을 어렴풋이 알고 있다. 그럼에도 쉽게 마음을 거두지 못한다.

안타깝게도, 에릭 사티의 사랑도 그러했다. 그가 온 마음을 기울였던 짧은 관계는 끝내 '되돌아오는 사랑'이 되지 못했다. 그래서인지 그의 음악은 때로 사랑하는 그녀의 이름을 부르며 인사를 건네다가도, 고장 나버린 마음을 표현이라도 하듯 멜로디를 끝없이 되풀이하는 것인지도 모른다.

"사티, 너는 이렇게 비참해지는 자신을 위해서라도 이 사랑을 멈춰야만 해."

사티는 수잔 발라동에 대한 사랑을 도무지 멈출 수가 없었나. 그는 술에 취한 재 눈물을 흘리고 혼잣말을 하며 부치지도 못할 편지를 계속 써내려갔다.

사랑하는 나의 작은 비키,

나는 당신의 존재 전부를 계속해서 생각하지 않을

수가 없습니다. 당신은 나의 안에서 완전히 살아 있

습니다.

– 사티가 발라동에게 쓴 편지 중에서

1893년, 파리 몽마르트르의 에릭 사티는 카바레에서 악단을 지휘하거나 피아노 연주를 하며 생계를 겨우 이어나가고 있었다.[63] 그가 몽마르트르 언덕으로 오게 된 것은 1887년 말부터였다.

1890년대의 몽마르트르는 불과 30여 년 전만 해도 농장과 과수원의 흔적이 남아 있던 농촌 지역이었지만, 파리의 밤 문화를 형성하면서부터 완전히 변해가고 있었다. 1889년 10월에는 '물랭 루주(Moulin Rouge)'가 문을 열었고, 기형적인 전시, 스트립쇼, 아편, 압생트*와 값싼 포도주, 그리고 취향과

---

* 압생트는 아르테미시아 압생티움(Artemisia absinthium)의 꽃과 잎을 포함한 여러 식물에서 추출한 아니스 맛 증류주로, 녹색 아니스, 스위트 회향 및 기타 약용 및 요리용 허브와 함께 추출된다.

　　　　　　　　불멸의 연인

예산에 맞춘 매춘부들까지, 이곳에는 또 하나의 파리가 있었다. 그것은 화려하고 요란하며 비밀스러운 파리였다. 화려함과 흥겨움의 뒤편, 그곳은 수많은 부랑자와 떠돌이들, 그리고 절박하고 가난한 노동 계층 시민들의 고향이기도 했다.

처음에 사티는 '르 샤 누아르(Le Chat Noir)'에서 피아니스트로 활동했다. 르 샤 누아르는 로돌프 살리스가 운영하던 예술 카바레로, 시인, 화가, 음악가, 그리고 각종 호기심 많은 이들이 모여드는 장소로 명성을 얻게 된 곳이었다.[64] 사회 전 계층에서 별난 인물들이 몰려들고 뒤섞이며 밤 늦은 시간까지 붐볐다.

르 샤 누아르.

오베르주 뒤 클루.

1891년쯤에는 르 샤 누아르의 성공으로 인해 새로 생긴 '오베르주 뒤 클루(Auberge du Clou)'로 옮겨 일하게 되었다. 오베르주 뒤 클루는 파리 9구 마르티르 거리의 언덕 위, 트뤼덴 대로 모퉁이에 자리 잡고 있었다. 이곳에는 프티 부르주아* 손님들이 많이 있었고, 운영자는 이들을 위해 다양한 예술 행사를 시도했다. 그중에는 그림자극 공연도 포함되어 있었고 사티는 공연의 음악을 담당했다.

사티의 하루는 시작부터 남다른 구석이 있었다. 그는 매일 똑같은 옷을 입었다. 카바레에 가기 위해 여느 때처럼 똑

---

* Petit-Bourgeois, 프티 브루주아는 부르주아 계급과 프롤레타리아 계급 사이로, 중간 계층을 의미하는 부르주아적 의식이 있는 소시민 계층을 말한다.

같은 양복에 프록코트를 걸쳤고 양복 안에는 딱딱한 카라의 셔츠를 받쳐 입었으며 중산모를 썼다. 비가 오는 날씨를 무척 좋아했던 그의 손에는 자주 우산이 들려 있었다. 때론 혹시 모를 일에 대비하여 호신용 망치를 들고 나서기도 했다.

사티에게는 약 100개의 우산이 있었는데, 포장을 뜯지 않은 우산도 여러 개가 있었으며, 작곡으로 돈을 받을 때마다 새로운 우산을 사들이는 습관이 있었다. 그는 우산을 자기 몸의 일부로 여기기도 했고, 심지어 새 우산이면 우산을 쓰지 않고 옷에 품고 다니기도 했다. 사티는 평소에도 우산 이야기를 자주 했다. 그래서 주변 사람들은 그에게 우산이 어떤 의미인지 잘 알고 있었다. 사티는 우산을 곧잘 잃어버리기도, 다시 찾아내기도 했다.[65]

"엘리베이터에 우산을 놓고 온 것 같습니다. 나의 우산은 나를 잃고는 무척이나 걱정하고 있을 겁니다."[66]

– 에릭 사티,『기억 상실자의 회고록』중에서

사티가 언제부터 같은 양복을 입게 되었는지는 정확히 알지 못한다. 몇 년 전에는 벨벳으로 맞춘 회색 옷만을 입기도,

그 이전에는 파리의 성직자처럼 옷을 갖춰 입기도 했다. 집 안에는 언제든 갈아입을 수 있는 똑같은 셔츠가 백마흔네 벌이나 준비되어 있었고, 양복을 한번 구매할 때는 열두 벌씩 같은 옷을 주문해서 언제든 입을 수 있도록 여벌을 구비해두곤 했다. 사티에게는 양복을 입는 그만의 규칙이 있었는데, 바로 양복 한 벌이 다 해어질 때까지는 새 양복을 절대 꺼내 입지 않는다는 것이었다.

사티는 매일 완벽하게 똑같은 모습을 한 채 거울을 보며 싱거운 농담을 자신에게 건네고는 카바레로 향했다.

"나는 늘 같은 옷을 입지. 오늘도 그러한가?"

사티는 모자를 쓴 채 머리를 길게 늘어뜨렸고, 콧수염과 턱수염을 길러 양복 위로 보이는 목선을 가리고 다녔다. 그는 동그란 안경을 주로 착용했는데, 안경 너머의 눈동자는 늘 무언가를 탐구하는 듯한 느낌을 주기에 충분했다.

사실 사티는 이러한 외모를 통해 세상 속의 자신을 속이고 싶은 마음이 있었다. 잘 차려입은 양복과 부르주아의 전형을 닮은 그의 꾸며진 외모 이면에는 부유한 사람들과 같은 이미지에 자신의 가난이나 존재 자체를 숨기고 싶었던 그의 속내가 있었다. 사람들은 외모만으로 사티가 부르주아라고

라몬 카사스, 〈보헤미안〉, 1891.

착각하곤 했다. 그러나 가난이라는 수치심이 사티의 마음속 깊은 곳에 자리 잡고 있었다. 가난은 사티가 죽기까지 따라다니던 이름이었다. 오죽했으면 사람들은 그를 '가난한 신사(Monsieur le Pauvre)라고 불렀다.[67]

사티의 기이한 구석은 비단 그의 옷차림새뿐만이 아니었다. 그는 하루의 시간표를 분마다 쪼개어 세세하게 계획했다. 그는 예술가는 자신의 삶을 조절해야 한다고 말하며 하루의 일과를 소개하기도 했다.

예컨대 사티는 오전 7시 18분에 일어나 11시 47분까지 음악적 영감을 얻는 시간을 가졌다. 12시 11분이 되면 점심 식사를 시작해 12시 14분까지 식사를 마쳤다. 오후 1시 19분부터 2시 53분까지는 정원에서 승마와 산책을 했으며, 3시 12분부터 4시 7분까지는 영감을 받는 시간이었다. 이외의 활동은 오후 4시 21분부터 6시 47분까지 했고, 저녁 식사는 7시 16분에 시작하여 20분에 마쳤다. 이후 8시 9분에서 9시 59분까지는 소리를 내어 교향곡을 읽었다. 잠자리에 드는 시간도 규칙적이었는데, 정확히 밤 10시 37분이었다.

사티는 흰색으로 된 음식만을 먹기도 했는데, 이를테면 흰 설탕, 흰 쌀, 흰 동물성 지방, 흰색 생선과 같은 것들이었다. 이뿐 아니라 그는 양말과 조끼도 흰색으로 입었다.

나는 흰 음식만 먹습니다. 삶은 달걀, 설탕, 갈아낸 뼈,
죽은 동물성 지방, 송아지 고기, 소금, 코코넛, 흰 물로
조리한 닭고기, 과일에 핀 곰팡이, 쌀, 무, 장뇌(Camphré)
를 포함한 순대, 파스타, 흰 치즈, 목화 샐러드, 껍질이
없는 흰색 생선과 같은 것을 말이지요.[68]
- 에릭 사티, 『기억 상실자의 회고록』 중에서

산티아고 루시뇰, 〈하르모니움 앞의 에릭 사티의 초상〉, 1890s.

사티는 엄청난 애연가여서 종종 하루 종일 카페에서 담배를 피우며 글을 쓰거나 그림을 그리거나 작곡했다. 그는 잦은 흡연을 삼가라는 주변인의 말에, 자신이 금연을 한다면 좋지 않은 모순된 생각을 하게 될 것이라고 말했다.

사티는 같은 옷을 고집했던 만큼 자신이 지내는 공간 또한 바꾸지 않았다. 그는 같은 방에서 27년 동안이나 살았다. 그의 방 안에는 외로움과 고독의 흔적이 여기저기 스며들어 있었다. 제대로 된 가구라곤 없었고, 그저 낡고 망가져 더는 연주할 수 없는 피아노 두 대가 있을 뿐이었다.

사실 사티는 은둔자였다. 그는 생전 자신의 집에 그 누구도 들이지 않았다. 그러나 집 밖으로 나서면 다른 사람이 되곤 했다. 집 밖을 나와 카바레에 도착할 때쯤이면 그를 알아보는 많은 사람의 인사를 기꺼이 받는 시늉을 했다.[*] 파리의 바나 카페를 방문할 때면 때때로 모르는 사람들이 음료를 건네기도 했다. 사티는 어릴 적부터 무척이나 내성적인 성격이었다. 군대에서는 부적격자로 내몰렸고, 파리 음악원에서는 게으르고 재능이 없다는 평가에 중도 탈락하기도 했다. 그는

---

[*] 사티는 은둔자였지만 예술가들과는 교류했다. 사티는 클로드 드뷔시와 아주 가깝게 지내면서 함께 곡을 연주하고 토론하며 서로의 작품에 대해 논의하곤 했다. 그러나 시간이 지나면서 두 사람의 음악적 경로는 점점 달라졌고, 결국 사티와 드뷔시는 1917년에 드뷔시는 각자의 길을 가게 되었다.

불화가 많았던 가정에서 적응하지 못하고 조부모에게서 자랐는데, 이러한 환경 때문이었는지 그의 내면에는 늘 어딘가 모를 어두움과 기이함이 잔재해 있었다.

사티는 카바레에서 자신의 방으로 돌아오는 길목의 꺼져가는 가로등 아래에 멈추어 서서 음악 노트를 꺼내고는 갑자기 떠오른 악상을 수첩에 적어두는 버릇이 있었다. 비록 그의 방에는 각종 청구서가 쌓여갔지만, 그의 머릿속은 간결하고도 아름다운 선율들로 가득했다.

산티아고 루시뇰,
〈보헤미안(몽마르트르 작업실의 에릭 사티 초상)〉, 1891.

사티의 영감이 담긴 선율은 그의 고독한 인생을 죄다 닮아 있었다. 무엇보다 〈짐노페디(Gymnopédies)〉와 〈그로시엔느(Gnossiennes)〉에서 사티의 고독함이 잘 드러난다. 이러한 음악은 예술을 단순화하여 평이하고 간소하게 표현해냈다는 평을 받았다. 사티의 음악은 똑같이 반복되는 일상을 기록하듯 같은 패턴으로 전개되었다.

사티의 연주를 듣고 있으면 마치 묵직한 카펫이 깔린 계단을 오르는 그의 느린 발걸음이 그려졌고, 왼손이 피아노 건반을 위아래로 움직일 때면 술에 취한 채 외로워하는 그의 모습이 보이는 듯했다. 〈그로시엔느〉 1번은 마치 고양이가 발목을 스치는 듯한 느낌을 주며, 4번은 주인의 무릎에 앉은 새침한 고양이와 같았다.[69] 다행히도 이처럼 독특하고 혁신적인 그의 음악은 그가 활동할 당시 세간의 주목을 받기에는 충분했다. 작품은 신비롭고 실험적이며 전위적이고 감정적으로 풍부하다는 평으로 파리 음악계의 찬사를 받았다.

이후 사티는 수잔 발라동을 만나게 되었고, 평생 그녀 단한 사람을 사랑하며 그의 음악에 많은 흔적을 남겼다. 사티가 발라동을 처음 만난 곳도 파리의 몽마르트르였다. 사티가 스물일곱 살이 되던 해인 1893년 새해 전야의 오베르주 뒤

　　　　　　　　　　　　　　　　　　　　　　불멸의 연인

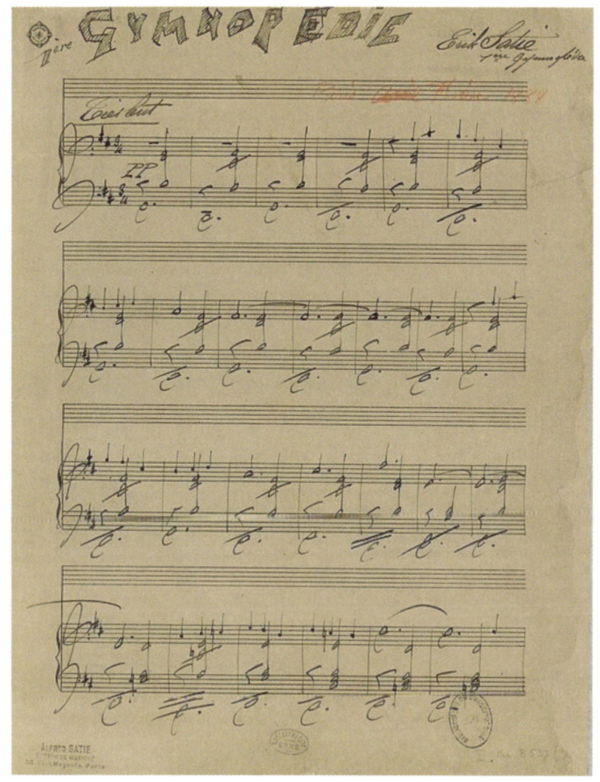

〈짐노페디〉 악보.

〈짐노페디〉 연주 영상.

〈그로시엔느〉 연주 영상.

클루에서 두 사람의 운명적 만남은 시작되었다.

수잔 발라동

수잔 발라동은 어린 나이부터 줄곧 몽마르트르에 살았다. 그녀는 1865년 프랑스 오트비엔에서 마리 클레망틴 발라동 (Marie-Clémentine Valadon)이라는 이름으로 태어났다. 알코올 중독자였던 그녀의 어머니는 홀로 아이를 키우며 청소부로 생계를 겨우 유지하고 있었고, 열악한 환경에서 발라동은 열한 살부터 학교를 그만두고 여러 잡일을 해야만 했다. 그녀는 상점, 카페나 술집에서 일하거나 재봉이나 세탁일 등을 하며 생활을 이어나갔다. 몽마르트르 사람들과 어울리기 시작한 것도 이때부터였는데, 당시 그곳에는 생계에 뛰어들어야만 하는 많은 어린아이들이 모여 있었다.

발라동은 열다섯 살이 된 1880년에 서커스에 곡예사로 들어갔다. 그녀는 그곳에서 묘기를 부리며 사람들의 주목을 받았고 자신의 재능을 찾았다고 생각했다. 발라동은 서커스의 흥분된 축제의 분위기를 무척 좋아했다. 그렇지만 약 7개월 만에 서커스를 그만둬야만 했다. 공중그네 연기자가 아파서 공연을 할 수 없어 그녀가 대신 나섰던 것이 화근이었다. 특

불멸의 연인

정 동작에서 타이밍을 놓쳐 공중그네에서 떨어졌고, 부상은 꽤 심각했다. 생애 처음으로 가진 꿈이 하루아침에 바닥으로 곤두박질치고 말았다.

그 후 발라동은 친구의 우연한 제안으로 화가의 모델이 되어보기로 했다. 모델 일은 몸을 회복할 때까지 임시로 하려고 했지만 첫 포즈를 취하는 순간, 그녀는 자신이 아주 특별하고 귀중한 세계에 발을 들였다는 느낌을 받았다. 발라동은 몇 번이고 마음속으로 이 일이 자신이 해야 할 일이라고 되뇌었다.[70]

사실 발라동은 그림 그리는 일을 사랑하고 있었고, 이 세

수잔 발라동, 〈서커스〉, 1889.

계에 있는 것만으로도 행복했다. 더 이상 전문 곡예사로 활
동하지 못하게 된 뒤로 그녀는 파리의 튈트리 정원, 뤼상부
르 공원, 미술관 같은 곳에서 홀로 그림을 그렸고, 그림을 사
랑하는 사람으로서 이 일을 절대 떠나서는 안 되겠다고 생각
했다.

작은 몸집, 요정 같은 활기찬 성격, 상앗빛 피부와 부드럽
게 빛나는 눈, 아름다운 몸매를 지닌 발라동은 어린아이처럼
사랑스러우면서 성숙한 여인처럼 관능적이기도 했다. 그러
나 발라동의 매력은 외모에만 있지 않았다. 생기 넘치고 독

창적인 기질, 그리고 단순히 모델이라는 역할에 머무르지 않는 예술에 대한 열정이 그녀를 더욱 돋보이게 했다. 포즈를 취하는 데 따르는 불편함이나 오랜 시간 같은 자세로 머무르는 일은 그녀에게 그다지 힘든 일이 아니었다. 발라동은 자신을 예술가의 창작에 기여하는 존재, 어느 정도는 형이상학적 의미가 있는 존재로 보았다. 그녀는 자신의 역할을 충분히 이해했고, 심지어 예술가의 영감이 자신이라고 생각하기까지 했다.

시간이 지나 발라동은 어느새 당시 모두가 알 만한 파리 화가들의 이상적이고 매력적인 모델로 유명한 인물이 되어 있었다. 그녀는 오귀스트 르누아르, 피에르 퓌비 드 샤반, 앙리 드 툴루즈 로트레크, 에드가 드가와 같은 화가를 위해 모델 일을 하며 때로는 수줍은 여성으로, 때로는 매혹적인 귀족 여성으로 그려졌다.

열다섯 살의 어린 나이에 모델 일을 하는 것은 여성으로서 매우 위험한 일

오귀스트 르누아르,
〈부지발의 무도회〉, 1883.

오귀스트 르누아르, 〈수잔 발라동〉, 1885.

오귀스트 르누아르, 〈수잔 발라동〉, 1885.

이었다. 남성 화가들의 시선에서 발라동의 몸은 육감적으로 과장되어 표현되기도 했다. 이 과정에서 화가와의 스캔들이 끊이질 않았는데, 그녀는 1883년 열여덟 살에 아들 모리스를 낳았고, 로트레크의 연인이 되기도 했다. 로트레크가 발라동에게 '수잔'이라는 이름을 붙여주었디고 전해진다. 발라동은 로트레크를 진심으로 사랑하여 결혼까지 생각했으나, 그와의 인연은 1888년 그녀가 자살을 시도하면서 끝이 났다. 그 후에는 미구엘 위트릴로라는 화가이자 미술 평론가와 함께 살았으며, 위트릴로는 발라동의 아들을 자신의 호적에 올려

　　　　　　　　　　　　　　　불멸의 연인

주었다.

그 시절이 모두 지나가고 사티를 만날 당시의 발라동은 모델 경력을 넘어 당시 파리 미술계의 동시대 화가들의 지지를 받는 화가로 성장하고 있었다. 그녀는 정규 교육을 한 번도 받지 않았음에도 모델로 일했던 화가들의 작품을 자세히 관찰하며 그들의

수잔 발라동과 모리스 위트릴로, 1890.

기법을 스스로 익혔고, 그것을 자신의 그림에 적용했다. 당시 남성 화가 사이에서 여성 화가로 주목받기란 거의 불가능에 가까웠으나, 그녀는 삶과 예술을 향한 열정을 가지고 나아갔다. 그렇게 그녀는 당시 동료 화가였던 드가, 르누아르 등으로부터 격찬을 받는 경지에 이를 수 있었다.

사티와 발라동의 만남

1893년 1월 14일 저녁, 사티는 여느 때처럼 자신의 하루 일정을 마치고 오베르주 뒤 클루에서 압생트를 홀짝이고 있었다. 그때, 갑자기 발라동이 사티에게 접근했다. 둘은 일면식은 있었지만 서로 잘 알지는 못했다. 사티는 워낙 사람들

을 경계하던 성격이라 잠시 불안했지만 이번에는 사뭇 다른 기운을 느꼈다. 발라동이 화가의 분위기를 연신 풍기며 말을 걸어온 것이다.*

“오늘 밤 들려주신 음악 감사했습니다.” 발라동이 말했다. “제 친구들과 저는 특히 그 느린 곡이 좋았어요. 왈츠 같은 그 곡 말이에요.”

“감사합니다, 부인.” 사티가 말했다. “당신이 말씀하신 곡은 제 세 번째 짐노페디일 겁니다. 당신 친구분들은 음악을 듣는 안목이 있군요. 그 곡은 대중적으로도 호평을 받았죠.”

“짐노페디요?” 발라동이 물었다. “그 단어는 한 번도 들어본 적이 없는데, 무슨 뜻이죠?”

“뭐랄까 오래된 그리스어 같은 것입니다. 단어는 제가 직접 만들어낸 것이죠.”

“어쨌든 아름답네요.”

비록 어둠 속에서 발라동의 모습은 뚜렷이 볼 수 없었지만 사티는 그녀의 목소리와 친절한 말투가 마음에 들었다.

“선율이 아름답긴 하지만 그 음악의 진정한 가치는 치유의 면에 있다고 생각합니다.” 사티가 말했다. “사람의 마음

---

* 이 만남의 배경에는 발라동의 연인이자 몽마르트르 예술계의 중심 인물이었던 미구엘 위트릴로의 존재가 있었을 가능성도 제기된다.

　　　　　　　　　　　　불멸의 연인

을 진정시키는 힘이 있지요."

"그건 정말 대단하군요." 발라동이 답했다. "그 곡이 당신의 세 번째 짐노페디라면 적어도 두어 개가 더 있을 것 같은데요. 다음에 다시 오면 그 곡들을 연주해줄 수 있나요?"

"제가 다음에 연주해드리지요."

두 사람은 이후 다시 만났다. 사실 사티는 26년 동안 단 한 번도 두 번 연속으로 어떤 여성과도 대화를 나눈 적이 없었다. 그는 늘 자신감이 없었다. 그의 인생은 자신이 보기에

산티아고 루시뇰, 〈여름 소나기〉, 1891.

에릭 사티, 1895.

너무나 초라하기만 했다. 그는 늘 자신이 재앙을 초래한다고 생각했고, 자랑할 것이라고는 아무것도 없다고 느꼈다. 당시 사티는 이미 머리카락이 빠지기 시작했으며, 자신은 결코 이성에게 매력적으로 보일 수 없다는 생각에 사로잡혀 있었다. 그러나 이 모든 초라한 면을 발라동은 자연스럽게 여기며 사티를 온전히 수용해주는 듯했다. 그렇게 두 사람은 계속해서 더 가까워졌다.

하루는 발라동이 사티를 자신의 작업실에 초대했다. 사티는 발라동의 작업실에 방문했고, 그녀의 방 벽에 걸려 있는 그림들을 감상할 수 있었다. 발라동의 전남편이자 화가 산티아고 루시뇰의 초상화도 있었다. 그곳에서 발라동은 자신이 곡예사로 활동했던 이야기를 펼쳐놓았다. 가난했던 시절, 어린 소녀가 곡예사로 활동했고, 어느 날 공중그네에서 떨어져 더 이상 활동할 수 없었다는 이야기였다.[71] 사티는 언젠가는 그녀의 이야기를 피아노로 담아낼 수 있기를 바랐다. 그날 밤 그렇게 사티는 평생 잊을 수 없는 기억과 함께 사랑에 빠

불멸의 연인

졌다.

　당시 발라동은 부유한 금융업자 폴 무지스와 관계를 맺고 있었지만, 발라동과 사티는 점점 서로에게 끌려들어갔다. 발라동은 다시 사티를 보러 왔고, 이때부터 그들의 짧은 연애가 시작되었다. 언제인지는 정확히 알 수 없으나 이즈음 발라동은 몽마르트르의 코르토 거리에 있는 사티의 옆 방으로 이사했다.

앙리 드 툴루즈 로트레크, 〈숙취〉, 1889.

수잔 발라동의 작업실.

사티는 발라동을 향한 헌신적인 사랑을 표현했다. 그녀와 함께 보내는 시간을 매우 소중히 여겼고, 그녀에게 깊이 의존했다. 두 사람의 관계는 몇 개월 동안 지속되었다. 매일 밤 발라동은 사티가 인기 발라드를 연주할 때까지 기다렸다. 사티의 음악에 대한 그녀의 열정은 그를 더 야망적으로 만들었고, 사티는 이 시기에 발레 음악을 포함한 여러 작품을 계획하기도 했다. 발라동은 사티의 초상화를 그려주었다.

그러나 너무나도 갑자기 발라동은 더 이상 사티의 집에 찾아오지 않았다. 사티가 언제 올 수 있는지를 물으면 발라동은 너무 애매하게 답했다. 사티를 만나던 시기의 발라동에게 사랑은 그저 스쳐 지나가는 것이었을까? 사티의 사랑에 부담을 느꼈던 것이었을까?

사티는 발라동을 기다리는 마음으로 편지를 썼다. 그러나 그는 이 편지를 써놓고는 보내지도 못한 채 평생 아무도 모르게 보관했다.

수잔 발라동, 〈에릭 사티의 초상화〉, 1892.

사랑하는 나의 작은 비키[*],

나는 당신의 존재 전부를 계속해서 생각하지 않을 수가 없습니다. 당신은 나의 안에서 완전히 살아 있습니다. 나는 당신의 아름다운 눈, 부드러운 손, 아이 같은 작은 발 외에는 아무것도 보이지 않습니다.

당신은, 당신은 행복하시겠지요. 나의 이 불쌍한 생각들로 인해 당신의 맑고 투명한 이마에 더 이상 주름이 생기지 않고, 나를 보지 못해도 후회하거나 슬퍼하지도 않겠지요.

하지만 나에게는 오직 차가운 고독만이 있어, 내 머릿속에 공허함을 만들어내고, 내 마음은 슬픔으로 가득 채워져 있습니다. 당신의 이 불쌍한 친구를 잊지 말아주세요.

이 세 번 중 적어도 한 번은 당신을 볼 수 있기를 바라는 마음에서 장소를 적어 보냅니다.

1. 오늘 저녁 8시 45분에 나의 집에서

2. 내일 아침 다시 나의 집에서

3. 내일 저녁 데데의 집에서

---

[*] 'Biqui'는 프랑스어 단어가 아니며, 일반적인 의미로 사용되는 단어도 아니다. 에릭 사티와 발라동 발라동 사이의 개인적인 서신에서 사용된 것으로 보아, 발라동을 부르는 사티의 애칭일 가능성이 크다.

　　　　　　　　　　　불멸의 연인

여기에 덧붙이자면, 비키, 나의 사랑, 나는 이 만남 중 당신
이 아무 데도 오지 않더라도 화내지 않을 겁니다. 나는 이제
매우 합리적으로 변했어요. 당신을 보는 것이 나에게 큰 기
쁨임에도 불구하고, 설사 당신을 만나지 못한다고 하더라도
나는 괜찮을 겁니다. 나는 당신이 항상 원하는 것을 할 수만
은 없다는 것을 이해하기 시작했습니다.

나의 작은 비키,

모든 것에는 시작이 있지요.

당신에게 마음을 담아 키스를 보내며.

　－ 사티가 발라동에게, 1893년 3월 11일 파리, 코르토 거리[72]

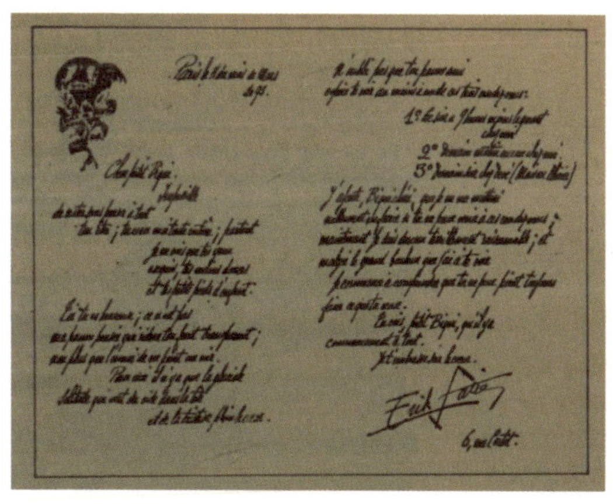

1893년 3월 11일 사티가 발라동에게 보내려던 편지.

사티는 이 시기, 발라동과의 불안정한 관계 속에서 불안한 자신의 마음을 가라앉히기 위해 〈고딕 댄스(Danses Gothiques)〉를 작곡했다. 이 곡은 1893년 3월 21일부터 23일 사이에 완성되었고, 작품의 부제인 '내 영혼의 큰 평온과 깊은 고요를 위한 9일 기도(Neuvaine pour le plus grand calme et la forte tranquillité de mon âme)'라는 문구에는 발라동을 향한 사티의 복잡한 심경이 그대로 반영되어 있었다.

그 후, 사티는 1893년 4월 2일 부활절 일요일에 발라동에게 줄 선물로 〈봉주르 비키, 봉주르!(Bonjour Biqui, Bonjour!)〉라는 짧은 곡을 작곡하기도 했다. 한 장의 악보 위에 일반 잉크와 희석된 잉크를 번갈아 사용해, 세 개의 화음과 다섯 개의 음만으로 구성된 매우 짧고 불협화적인 노래를 적어 놓은 것이었다. 곡에는 정식 제목이 없었고, 악보 맨 위에는 단지 '아주 느리게'라는 연주 지시어가 적혀 있었다. 가사는 그저 "봉주르 비키, 봉주르!" 한 문장이 다였다.

악보에는 사티가 직접 그린 순진해 보이는 발라동의 초상화가 있었고, 그는 이 작품을 그녀에게 헌정했다.[*] 사티는 이 그림에 '비키의 진정한 초상(Authentic Portrait of Biqui)'이라는 설

....
[*] 발라동이 사티의 이 선물을 알고 있었다는 증거는 없다.

                                                불멸의 연인

〈고딕 댄스〉 악보 표지.

〈봉주르 비키, 봉주르!〉 악보.

〈고딕 댄스〉 연주 영상.

〈봉주르 비키, 봉주르!〉 연주 영상.

명과 함께 특유의 굵고 각진 서명을 넣고는 이 곡을 평생 홀로 간직했다. 발라동을 항상 곁에 둘 수 있는 그의 방법이었다. 〈봉주르 비키, 봉주르!〉는 1925년 사티가 세상을 떠날 때까지 공개되지 않다가 사후에 발견되었다.

1893년 6월 20일 화요일, 그렇게도 빨리 사티와 발라동의 사랑은 끝이 났다. 발라동이 마지막으로 사티를 보러 온 날짜는 6월 17일 토요일이었다. 이 사랑의 마지막을 사티는 자필로 기록했다.[73]

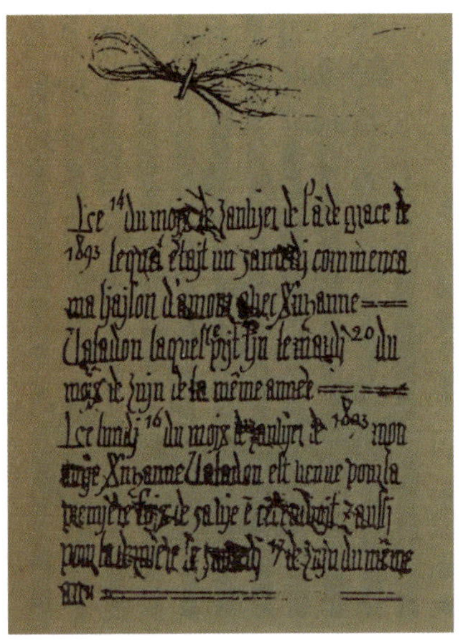

사티가 남긴 이별의 기록.

사티는 발라동과 헤어진 후, 울적한 마음으로 그녀에게 편지를 썼다. 발라동은 사티를 떠났고, 꿈을 꾸는 사랑의 노래와 번뇌로 가득한 고독한 발걸음 같은 음악과 미처 보내지 못한 편지들만이 그에게 남겨졌다. 사티가 사랑을 끝낸 후에 형제 콘라드 사티에게 보낸 편지에는 그의 허탈한 마음이 가득 담겨 있었다.[74]

나는 이제 막 발라동과의 관계를 끝냈어. 그녀를 떠나보낸 이후로, 내가 사랑해온 이 작은 사람을 다시 소유하기는 어려울 것 같아. 그녀는 나의 모든 것을 가져가버렸어. 지금으로선 시간이 내가 할 수 없는 일을 대신해주리라 믿어.

- 에릭 사티가 콘라드 사티에게, 1893년 6월 28일

사티와 발라동의 사랑이 끝난 후, 주변인들은 사티에게 사랑에 관해 묻곤 했다.

"사랑에 대해 어떻게 생각해?"

장 콕토가 사티에게 묻고는 대답을 받아적으려는 듯 노트를 꺼냈다.

"나는 그 이후로 사랑을 피했어. 나는 사랑이 신경병의 일

장 콕토, 〈에릭 사티〉, 1916.

종이라고 생각했지. 드뷔시가 사랑에 빠졌을 때 얼마나 감상적이었는지 보라고. 그건 진정 신경병이야."

사티는 어느 날 화가 오귀스탱 그라스미크에게도 말했다.

"이건 심각해, 매우 심각해. 나는 사랑이 두려워. 그래서 사랑을 피하게 되어버렸어."

시간이 지나 1919년에 쿠르난스키가 사티에게 사랑에 대해 어떻게 생각하느냐고 물었을 때는 간단히 대답했다.

"나는 사랑이 매우 우스꽝스럽다고 생각합니다."

그렇게 시간이 지나 사티의 음악만이 사랑의 흔적을 이야기하고 있었다. 사티는 발라동과의 이별 후 음악 작업에만 열중한 것으로 보인다. 피카소가 무대미술과 의상을 맡고 장 콕토가 각본을 쓴 발레 작품 〈퍼레이드(Parade)〉에 참여하면서 사랑을 잃은 슬픔이 어느 정도는 바쁜 일상으로 희석될 수 있었다. 그러나 사티의 주변인들은 그의 사랑에 대한 상심과 아픔을 모두 느끼고 있었다. 피카소는 사티의 주의를

파블로 피카소, 〈에릭 사티의 초상화〉, 1920.　　　　　〈퍼레이드〉의 한 장면.

돌리려는 듯 고심하며 말하곤 했다.

"또 다른 와인을 마실 시간인 것 같군. 자, 우리는 이제 집중하고 〈퍼레이드〉에 대해 논의해야 해."

이별 후 사티는 오랜 시간 동안 그녀를 잊지 못했고, 깊은 우울감에 시달려야만 했다. 발라동과의 이별 후인 1893년경에 작곡된 사티의 작품 〈벡사시옹(Vexations)〉은 그의 감정적 고통을 잘 표현한 곡으로 여겨진다.

〈벡사시옹〉은 단순한 멜로디를 840번 반복하도록 구성되어 있다. 이는 연주자가 약 18~24시간 동안 연주해야 한다는 것을 의미했으며, 사티의 번뇌를 반영했다. 곡은 짧고 단순한 멜로디로 구성되어 있었지만, 느린 템포로 반복되면서 몽환적이고 최면적인 효과를 주기도 했다. 특히 이 곡에는 불협화음을 사용했기에 사티의 다른 작품들과 비교해보아도 독특한 특징을 담고 있다. 이 곡은 사티가 생전에는 공연되지 않았고, 사후에 악보가 발견되었다. 사티는 마치 자신을 벌이라도 주듯 악보 위에 이렇게 적어두었다.

이 주제를 840번 연달아 연주하려면, 그 전에 충분히 준비하고, 가장 깊은 침묵 속에서 진지한 정적의 상태로 들어가야 할 것입니다.

사티는 1925년, 59세의 나이에 간경화로 사망했다. 사티가 죽은 후, 그의 방이 최초로 세상에 공개되었다. 사티의 낡은 피아노 뒤편 구석에는 공개되지 않은 곡의 악보들이 있었고, 벽장에는 똑같은 우산, 셔츠, 미처 개시해보지도 못한 새 양복 여섯 벌이 주인을 기다린 채 덩그러니 남아 있었다. 그리고 수잔 발라동에게 보내지 못한 편지들이 발견되었다.

편지는 에릭 사티의 사후에 콘라드 사티를 통해 발라동에

〈벡사시옹〉 연주 영상.

게 전달되었다. 발라동이 편지를 전달받을 당시, 그녀는 사티와 헤어진 직후 동거를 시작한 은행가 폴 무지스와 결혼했다가 이혼한 후 나이 마흔여덟 살에 자신보다 스물두 살 어린 아들의 친구인 화가 안드레 우터와 함께 살던 중이었다.[*]

발라동은 자신이 그려준 초상화가 25년 동안 사티의 방 벽에 걸려 있었다는 사실을 사람들의 수군거림을 통해 듣게 되었다. 발라동은 사티의 편지를 며칠 동안 읽고 또 읽었다. 그녀는 마치 그때의 몽마르트르로 돌아간 듯했다. 편지를 읽을 때마다 그녀와 사티만의 추억들이 떠올랐고 겨울밤에 사티가 연주해주던 피아노 소리가 들리는 듯했다. 발라동은 편지를 다시 봉투에 넣고는 고스란히 보존했다. 그 후 그녀는 그것들을 태워버렸다. 그녀는 사티와의 많은 기억이 떠올라 가슴 아프지만 매우 달콤한 추억이었다는 담담한 심정을 콘라드 사티에게 편지로 전했다. 그 편지에는 발라동의 서명이 두 번 반복되어 있었다.[75]

수잔 발라동. 수잔 발라동.

---

[*] 사티에게 발라동은 평생의 연인이었으나, 그녀에게 사티는 한때 스쳐 지나가는 바람이었을지도 모른다. 혹은 그 반대였을지, 알 수 없는 일이다. 그렇지만 그녀에게 카사노바와 같은 기질이 있었던 것만은 분명해 보인다.

에릭 사티의 음악

<봉주르 비키, 봉주르!>는 에릭 사티가 작곡과 가사를 쓴, 성악과 피아노를 위한 1893년의 노래이다. 불과 네 마디짜리 곡으로, 느린 템포 때문에 연주 시간이 30초도 되지 않는데, 사티의 완성된 작품들 가운데 가장 짧은 곡이다. 이 곡에는 따로 제목이 없다. 악보 맨 위에 자리 잡고 있는 것은 제목이 아니라, 연주 지시인 '매우 느리게'이고, "봉주르 비키, 봉주르!"라는 인사말이 곡 전체의 가사를 이루고 있다. '비키'라는 애칭이 두 화음 위에서 길게 늘여지며 만들어내는 애절한 분위기가 매우 특징적이다.

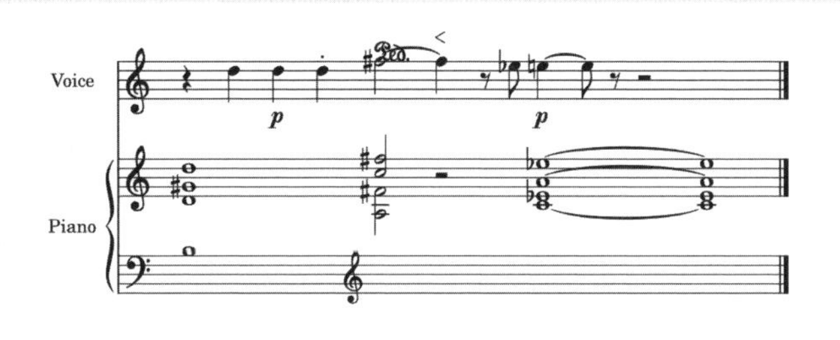

〈봉주르 비키, 봉주르!〉 악보.

<벡사시옹>의 악보는 한 페이지로, 마디를 구분하는 선도 없이 '매우 느리게'라는 의미의 악상기호만이 남아 있다. 피아

　　　　　　　　　　　　　　　　　　불멸의 연인

노의 왼손 주제는 12음 중 11음을 사용하며, 주제는 위에 2부 화음을 얹은 채로 반복된다. 왼손은 멜로디를 계속 연주하고 이전 화음은 자리바꿈 되어 다시금 반복된다. 총 연주 시간은 20시간이 넘는다.

<봉주르 비키, 봉주르!>와 <벡사시옹>은 두 곡 다 모호한 감7화음들로 이루어져 있으며, 이는 사티가 연애 과정에서 마음의 평정을 되찾기 위해 작곡한 <고딕 댄스>에서 처음 등장했다. 또 <벡사시옹>은 <봉주르 비키, 봉주르!>가 끝나는 바로 그 화음으로 시작하는데, 두 작품이 서로 연장선상에 놓인 것처럼 보인다. 이러한 화음들은 수잔 발라동과 연관된 감정의 상징으로 해석할 수 있다.

<벡사시옹> 악보.

에릭 사티의 박물관

현재 파리 18구에 가면 에릭 사티가 살던 집이 박물관으로 남아 있으며 사티의 유품들도 볼 수 있다. '에릭 사티의 벽장 박물관(Cupboard Museum of Erik Satie)'으로 불리는 이곳은, 사티가 젊은 시절 활동하던 몽마르트르의 예술가 공동체와 그의 독특한 삶을 기념하기 위해 조성된 공간이다. 전시실에는 사티의 사진과 악보, 당시의 기록물과 개인 물품 등이 소개되어 있으며, 그가 활동하던 파리 보헤미안 문화의 분위기를 엿볼 수 있는 자료들도 함께 전시되어 있다.

이 박물관은 규모는 크지 않지만 사티의 기이하고도 독창적인 삶을 상징적으로 보여주는 장소로, 그의 음악 세계와 몽마르트르 예술가 사회의 흔적을 함께 살펴볼 수 있는 의미 있는 공간으로 알려져 있다.

의도치 않았던 사랑과
남겨진 음악

예술가들의 사랑 이야기는 삶을 살아가는 도중, 예기치 않게 맞닥뜨린 사건들이었다. 그것은 의도해서 선택한 것이 아니라, 어느 순간 갑작스레 밀려 들어와 그들의 예술을 뒤바꾸어놓은 일이었다. 그 모든 시작을 의도하지 않았음에도 그들은 어느새 마주해버린 감정에 끝내 충실하려 했다. 때로는 그 강렬한 감정이 삶 전체를 뒤흔들어놓았지만 결국 그들은 자신들이 다룰 수 있는, 음악이라는 언어로 그 사랑의 감정을 끌어올려 영원히 기억될 작품으로 남겼다.

사랑이라는 이름 아래 펼쳐진 이 이야기들에는 실로 다양한 감정이 겹겹이 쌓여 있다. 첫 만남의 충격과 설렘, 열병과도 같은 사랑, 조급함과 두려움, 집착과 집요함, 좌절과 상실의 고통, 때로는 삶에 대한 혐오까지. 그 사이에는 사랑의 기쁨과 행복, 격정, 모성애와 돌봄, 애틋함이 존재하기도 했고, 관계의 균열과 공포, 악몽과 갈등, 배신과 상실감, 허탈함이 뒤따르기도 했다. 그리고 끝내는 이별을 담담히 받아들이는 마음, 눈물과 혼잣말, 변질된 사랑에서 비롯된 원망, 희미하게 남은 애정까지 이어지기도 한다.

예술가들이 사랑을 통해 느낀 다양한 감정을 소리로 재현한 음악 작품은 연주가 끝나면 사라지는 것처럼 느껴질 수 있다. 그러나 연주와 사랑은 끝이 나도 음악은 영원히 남아 우리로 하여금 그 순간들을 상상할 수 있게 한다. 사랑은 짧고, 예술은 길다.*

---

* 히포크라테스의 『잠언집』 첫 문장인 "인생은 짧고, 예술(의술/기술)은 길다."를 인용했다.

예술가들의 사랑 이야기를 음악의 이야기로 풀어가려 했
다. 그러나 정작 사실 내 마음을 더 오래 붙잡은 것은 그 음
악을 둘러싸고 있던 여인들의 삶이기도 했다.

하루아침에 스타가 되었으나 곧 인기의 하락을 겪으며 베
를리오즈와의 결혼을 선택했던 스미스슨, 그리고 그 뒤에 찾
아왔을 무대 없는 삶에 대한 절망. 애정 없는 결혼 속 무료한
시간을 견디다가, 뜻밖의 리스트를 만나 자신의 삶 전체를
뒤흔드는 선택을 해버린 마리 다구, 그리고 결국 식어버린
사랑 앞에서 허탈함을 문학으로 되돌려준 복수의 마음. 실패
한 결혼 이후 자유로운 삶을 살아가던 중, 어딘가 위태롭고
가여운 쇼팽에게 깊은 애정과 연민을 품었던 상드, 사랑과
보살핌, 걱정과 헌신으로 그의 곁을 지키려 했던 마음. 어린
시절 몽마르트르의 가난한 곡예사에서 마침내 화가로서 자
신의 운명을 발견할 수 있었던 발라동, 자신의 예술을 처음
으로 인정받았던 기쁨, 그리고 잠시 스쳐 간 듯한 사티와의
사랑, 그가 죽은 뒤 보내온 아련한 편지들.

이 이야기들은 더 이상 음악을 남긴 작곡가들만의 사랑이 아니었다. 그것은 사랑을 통과하며 자신만의 방식으로 견디고, 상처 입고, 선택하고, 끝내 예술과 함께 살아낸 여성들의 이야기이기도 했다. 작곡가와 음악에 집중해 이 책을 읽었다면 이제는 이 여성들이 남긴 작품을 통해 그 사랑의 흔적을 조용히 따라가보는 것도 좋겠다.

『불멸의 연인』을 끝까지 읽어준 독자 여러분께 깊이 감사드린다. 이 책을 덮는 순간에도, 누군가의 사랑은 여전히 음악처럼 어딘가에서 흐르고 있을 것이다. 그 사랑이 남긴 흔적이 때로는 한 곡의 선율로, 때로는 한 사람의 삶으로 우리 곁에 머문다. 이 이야기가 독자들 각자의 기억과 감정을 조용히 흔들어, 오래도록 마음속에 울림으로 남기를 바란다.

참고 문헌

1장

1   Hector Berlioz, 『Mémoires』, 1870, Paris, Flammarion, 1991, p. 112.

2   David Cairns, 『Berlioz: The making of an artist 1803-1832』, London, Penguin, UK, 2019.

3   Charles Françios Jean Baptiste Moreau and M. Moreau, Souvenirs du théâtre anglais à Paris, H. Gaugain, Lambert et Company, Paris, 1827.

4   Herbert F. Peyser, 『Hector Berlioz, A Romantic Tragedy』, 1949.

5   David Cairns, 『Berlioz: Servitude and greatness』 1832-1869.

6   Hector Berlioz, 『Mémoires』, p. 112.

7   Étienne-Jean Delécluze, 『La vie parisienne sous la Restauration. Journal de Delécluze 1824-1828』, Bernard Grasset, 1948, p. 458.

8   「Journal des débats politiques et littéraires」, 13 septembre 1827, p. 4.

9   「Le Figaro」, 8 septembre 1827, p. 2.

10   Judith Wechsler, 「Performing Ophelia: The iconography of madness.」 Theatre Survey 43.2, 2002, pp. 201~221.

11   Hector Berlioz, 『Mémoires』, XXIV.

12   Hector Berlioz, 『Mémoires』, XXIV.

13   Hector Berlioz, 『Mémoires』, XXIV.

14   Michael Steinberg, 『The Symphony: A Listener's Guide』, Oxford, Oxford University Press, 1995, pp. 61-66.

15   Hector Berlioz, 『Mémoires』, XXIV.

16   Hector Berlioz, Programme de la Symphonie fantastique, 1855.

17   Hector Berlioz, 『Lettres intimes』, Paris, Calmann-Lévy, 1882, p. 70, quoted in Edward T. Cone, 『The Composer's Voice』, Berkeley, University of California Press, 1974, pp. 9-10.

18   Hector Berlioz, 『Mémoires』, XXXI.

19   Heinrich Heine, 'Lettres confidentielles II', 『Revue et gazette musicale de Paris, Paris』 vol. 5, no 5, 4 février 1838, p. 42.

20   Hector Berlioz, trans. Roger Nichols, ed. Hugh MacDonald, 『Selected Letters of Berlioz』, London, Faber and Faber, 1995, p. 102.

21   Hector Berlioz, trans. Roger Nichols, ed. Hugh MacDonald, 『Selected Letters of Berlioz』, p. 103.

22   David Cairns, 『Berlioz: Servitude and greatness 1832-1869』, p. 6.

23   Hector Berlioz, 『Mémoires』.

24   Hector Berlioz, 『Correspondance Générale』, no 347.

25   Hector Berlioz, 『Mémoires』,LI.

26 Hector Berlioz, 『Mémoires』, 1870.

2장

27 Oliver Hilmes, 『Franz Liszt: Musician, Celebrity, Superstar』, Yale University Press, 2016.

28 Marie d'Agoult, ed. Daniel Ollivier, 『Mémoires 1833-1854』, Paris, Calmann Lévy, 1927, p. 49.

29 Daniel Stern, 『Mes souvenirs 1806-1833』, Paris, Calmann Lévy, éditeurs, 1880, pp. 151-192.

30 Daniel Stern, 『Mes souvenirs 1806-1833』, p. 209.

31 Dominique Desanti, 『Daniel, ou le visage secret d'une comtesse romantique: Marie d'Agoult』, Paris, Stock, 1975, p. 23.

32 Daniel Stern, 『Mes souvenirs 1806-1833』, p. 349.

33 La personne la plus extraordinaire que j'eusse jamais vue. 직역하면 '내가 지금까지 본 사람 중 가장 특별한 사람이다.'라는 뜻이다.

34 『avec une introduction de M. Daniel Ollivier』, Calmann-Lévy, 1927.

35 Dominique Desanti, 『Daniel, ou le visage secret d'une comtesse romantique: Marie d'Agoult』, p. 21.

불멸의 연인

36 Daniel Ollivier, compiler, 〈Correspondance de Marie d'Agoult et papiers provenant de la famille Ollivier. I–III: Lettres de Franz Liszt à Marie d'Agoult, années 1833–1839〉, manuscrit, 19e–20e siècles, Bibliothèque nationale de France, Département des Manuscrits.

37 Michael Short, ed., 〈Correspondence of Franz Liszt and the Comtesse Marie d'Agoult〉, Hillsdale, NY, Pendragon Press, 2001, pp. 1–6.

38 Michael Short, ed., 〈Correspondence of Franz Liszt and the Comtesse Marie d'Agoult〉, p. 5.

39 Michael Short, ed., 〈Correspondence of Franz Liszt and the Comtesse Marie d'Agoult〉, p. 6.

40 Michael Short, ed., 〈Correspondence of Franz Liszt and the Comtesse Marie d'Agoult〉, p. 24.

41 Marie d'Agoult, 『Mémoires 1833-1854』, p. 432.

42 Daniel Stern, 『Mes souvenirs 1806–1833』.

43 Daniel Stern, 『Histoire de la révolution de 1848』, Balland, 1851.

44 Alan Walker, 『Franz Liszt: The Virtuoso Years, 1811–1847』, Cornell University Press, 1988.

3장

45   George Sand, 『Correspondance de George Sand』, no 17, Paris, Garnier frères, 1964.

46   Belinda Elizabeth Jack, 『George Sand: A Woman's Life Writ Large』, New York, Knopf, 2000.

47   Édouard Grenier, 『Souvenirs littéraires』, Paris, A. Lemerre, 1894, pp. 95-100.

48   George Sand, 『Correspondance de George Sand』, Tome IV.

49   「Revue des Deux Mondes」, 직역하면 '두 세계의 평론'이라는 뜻으로, 1829년에 창간된 프랑스의 권위 있는 문예·정치 평론지다. 19세기 프랑스에서 상당히 영향력이 컸고, 많은 작가들이 이 잡지에 작품이나 평론을 발표했다.

50   조르주 상드, 『편지 3』, 이재희 옮김, 지식을 만드는 지식, 2011, pp. 29-31.

51   George Sand, 『Histoire de ma vie』 vol. 13, Paris, 1856.

52   George Sand, 『Correspondance de George Sand』, Paris, Garnier frères, 1964.

53   George Sand, 『Un hiver à Majorque』, Paris, Le Livre de poche, 2022 [1842].

54   George Sand, 『Histoire de ma vie』 vol. 13.

55   George Sand, 『Un hiver à Majorque』.

56   Maurice J. E. Brown, 「The Chronology of Chopin's Preludes」, The Musical Times, vol. 98, no 1374, 1957, pp. 423-424.

57   George Sand, 「Histoire de ma vie」 vol. 13.

58   George Sand, 「Un hiver au midi de l'Europe」 Vol. 8, Meline, Cans et compagnie, 1841.

59   George Sand, 「Histoire de ma vie」 vol. 13.

60   George Sand, 「Histoire de ma vie」 vol. 13, pp. 193-194.

61   Ibid.

62   Ibid.

4장

63   Pierre-Daniel Templier, 「Erik Satie」, Cambridge, MIT Press, 1932.

64   Alan M. Gillmor, 「Erik Satie」, Boston, Twayne Publishers, 1988, p. 53.

65   Ornella Volta, 「Erik Satie: Écrits」, Paris, Champ Libre, 1977.

66   Érik Satie, 「Mémoires d'un amnésique(La journée du musicien)」, Revue musicale SIM, 15 janvier 1913.

67   Alan M. Gillmor, 「Erik Satie」, pp. 26-51.

68   Érik Satie, 「Mémoires d'un amnésique (La journée du musicien)」, 15

février 1913.

69 Christopher Lawrence, 「Symphony of Seduction: The Great Love Stories of Classical Composers」, Nero, 2018.

70 John Storm, 「The Valadon Drama: The Life of Suzanne Valadon」, 1959, p. 51.

71 Christopher Lawrence, 「Symphony of Seduction: The Great Love Stories of Classical」, Nero, pp. 1-19.

72 Erik Satie et Ornella Volta, 「Satie seen through his letters」, London, New York, M. Boyars, 1989, pp. 44-46.

73 Ibid.

74 Ibid.

75 Erik Satie et Ornella Volta, 「Satie seen through his letters」, pp. 46-47.

불멸의 연인

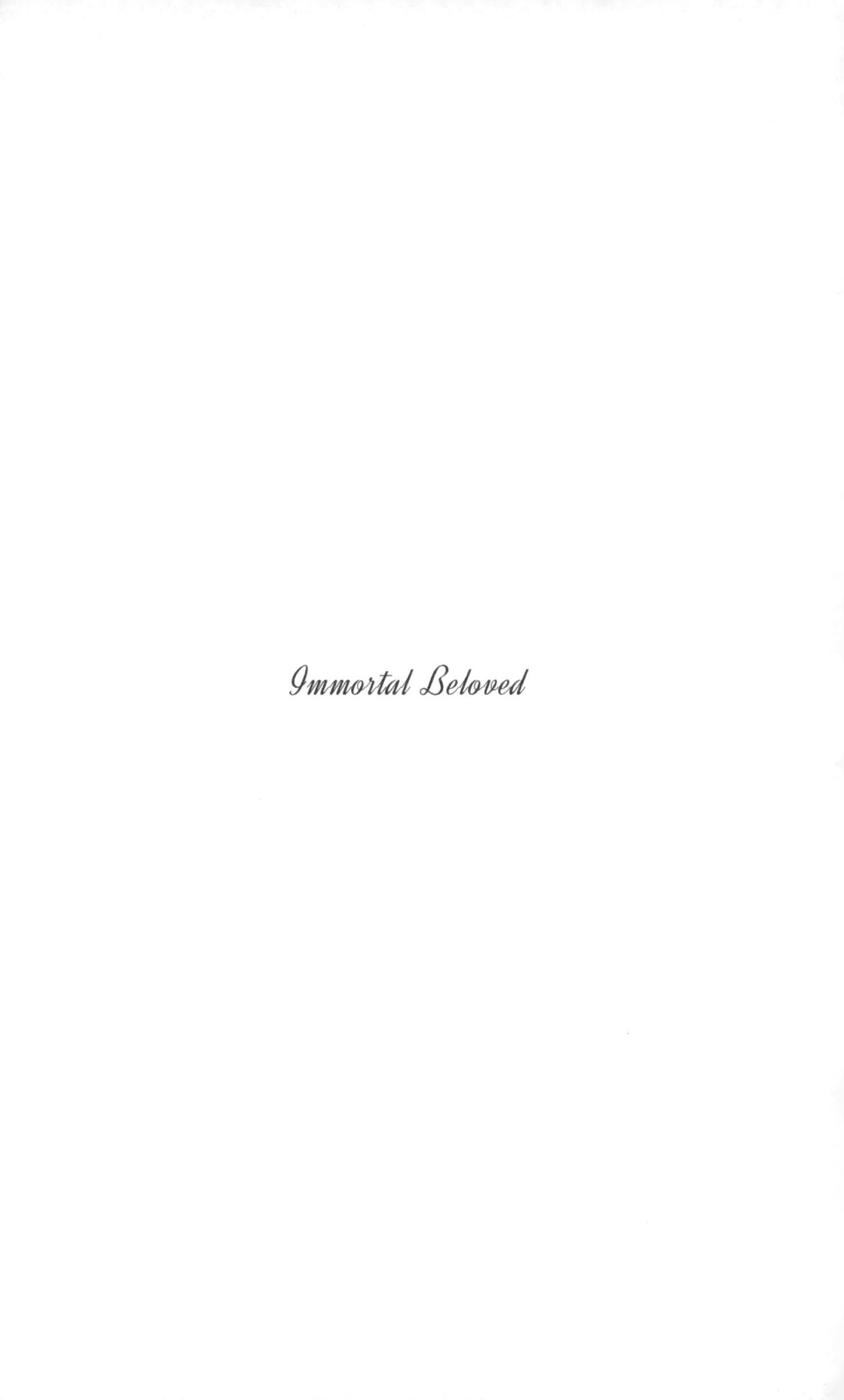

Immortal Beloved

불멸의 연인

초판 1쇄 인쇄 2026년 3월 30일
초판 1쇄 발행 2026년 4월 10일

지은이 박은지
발행인 정수동
편집주간 이남경
책임편집 김유진
디자인 Yozoh Studio Mongsangso

발행처 저녁달
출판등록 2017년 1월 17일 제406-2017-000009호
주소 경기도 파주시 문발로 203, 203호
전화 02-599-0625
팩스 02-6442-4625
이메일 book@mongsangso.com
인스타그램 @eveningmoon_book
유튜브 몽상소

ISBN 979-11-89217-66-2 03670